隆尧县
现代农业发展战略研究

◎屈宝香　霍剑波　信　军　浦　华　钱静斐　郭　毅　著

中国农业科学技术出版社

图书在版编目（CIP）数据

隆尧县现代农业发展战略研究／屈宝香等著．—北京：中国农业科学技术出版社，2019.11

ISBN 978-7-5116-4526-5

Ⅰ.①隆… Ⅱ.①屈… Ⅲ.①现代农业-农业发展-研究-隆尧县 Ⅳ.①F327.224

中国版本图书馆CIP数据核字（2019）第262479号

责任编辑 陶 莲 闫庆健
责任校对 李向荣

出 版 者 中国农业科学技术出版社
北京市中关村南大街12号 邮编：100081
电 话 (010)82109705(编辑室) (010)82109702(发行部)
(010)82109709(读者服务部)
传 真 (010)82106625
网 址 http://www.castp.cn
经 销 者 各地新华书店
印 刷 者 北京建宏印刷有限公司
开 本 710mm×1 000mm 1/16
印 张 8 彩插 10面
字 数 145千字
版 次 2019年11月第1版 2019年11月第1次印刷
定 价 88.00元

《隆尧县现代农业发展战略研究》

著者名单

主　著： 屈宝香　霍剑波　信　军　浦　华
钱静斐　郭　毅

参　著： 钟　葵　王耀林　向　雁　刘之慧
刘　爽　王现军　魏保振　李现国
张敬辉　韩现华　罗彦申　李　娟
张　杰　杜　凯　赵玙璠　王海英
李晓琳　罗　康　刘丽军　王宏伟
张兆钰　梁　晨　刘韵非　陈　晨
景睿松　武　斌　张　新　赵　晶
张丹丹　武中庆　李　薇　王　锋
闵继征　路家涛　姜　伟

前　言

隆尧县隶属于河北省邢台市，在京广铁路东侧、邢台市偏东北55千米处，距省会石家庄81千米。隆尧县地处太行山东麓、河北省中南部、华北平原腹地，西南与任县、内丘相连，东北与巨鹿、宁晋、柏乡接壤，县境东西长41千米，南北宽39.5千米，面积为749平方千米，地理坐标为北纬37°12′~37°32′，东经114°32′~115°02′。西部、中部属山前冲积平原，东部属冲积平原，中间有少量交接洼地。地势西高东低，海拔25~60米，坡降1/1 000，全县平原面积约占总面积的96%。全县辖6镇6乡，人口51.9万人，县政府驻隆尧镇。

隆尧县历史悠久，人杰地灵。始于夏商时期，正式建制于西汉。今隆尧县是1947年由隆平县、尧山县合并而成。古代典籍有尧、舜治水的记载，战国名将李牧、后周皇帝郭威和柴荣、隋翻译家彦琮、教育家孔潘、《五方元音》作者樊腾凤等诸多仁人志士皆出于此。尧山是邢州九县之一，尧帝在此封疆，被称为“唐尧故土”，是李唐氏族的发源地。隆尧县有唐祖陵、柏人城等国家级文物保护单位，隆尧秧歌、招子鼓、泽畔抬阁被列入国家级非遗名录。

隆尧县先后获得“全国食品工业强县”“全国食品工业十大发展特色县”“全国科技进步先进县”“全国一流供电县”“河北省民营经济发展先进县”和“全国粮食生产先进县”等称号。其东方食品城先后被农业农村部（2018年3月，农业部正式更名为农业农村部）命名为“全国农产品加工示范基地”，被河北省政府定为首批“省级产业聚集区”；2016年被工业和信息部食品协会评定为第三批国家“食品产业集群区域品牌试点县”，一年后将转为“示范县”。隆尧县委县政府拟将以此为契机，倾力打造“隆尧食品”品牌，设立准入标准；进而设计LOGO标识，全面提升隆尧县食品产业的知名度。隆尧县委县政府提出，

“十三五”时期，隆尧县要大力落实“11446”发展思路，积极构建“135”空间布局。将“以提质增效为核心，优粮、增蔬、扩林、培养、强加”作为产业发展总基调，助推一产“接二连三”的产业融合发展，借势京津冀协同发展战略的实施，实现隆尧现代农业转型升级。

全书共包括八章，即第一章规划背景意义；第二章基础现状分析；第三章发展总体思路；第四章产业选择与总体布局；第五章重点产业建设项目；第六章支撑服务体系建设；第七章投资概算与效益分析；第八章保障措施。本书可供涉农部门领导、土地规划人员以及相关领域干部、职工阅读参考。

由于作者水平有限，书中错漏在所难免，恳请有关专家和广大读者指正。

著　者

2019 年 10 月

目　　录

第一章　规划背景意义 …………………………………………… (1)
一、产业规划背景 …………………………………………………… (1)
（一）近年中央一号文件聚焦农业现代化与乡村振兴战略 ……… (1)
（二）国家现代农业示范区建设加速现代农业发展进程 ………… (2)
（三）京津冀协同发展国家战略实施给隆尧带来重大机遇 ……… (2)
（四）河北省与邢台市出台了一系列现代农业发展新举措 ……… (3)
（五）隆尧大力落实“11446”战略并积极构建“135”空间布局……… (4)
二、产业规划意义 …………………………………………………… (4)
（一）有利于调整产业结构，聚焦农业供给侧结构性改革 ……… (4)
（二）有利于推动农业绿色发展，提高隆尧农产品竞争力 ……… (5)
（三）有利于明确农民主体地位，增进与保障农民利益 ………… (5)
（四）有利于农村一二三产业融合，实现农业增效农民增收 …… (6)
三、规划主要依据 …………………………………………………… (6)
第二章　基础现状分析 …………………………………………… (9)
一、区域基础概况 …………………………………………………… (9)
（一）地理位置 ……………………………………………………… (9)
（二）地形、土壤 …………………………………………………… (9)
（三）气候资源 ……………………………………………………… (10)
（四）水资源及用水现状 …………………………………………… (11)
（五）土地利用现状 ………………………………………………… (12)
（六）社会经济条件 ………………………………………………… (14)

二、农业发展条件与产业现状 …………………………………………………… (14)
（一）农业发展条件 ………………………………………………………… (14)
（二）农业产业现状 ………………………………………………………… (16)
三、现代农业发展有利条件与制约因素 ……………………………………… (17)
（一）有利条件 ……………………………………………………………… (17)
（二）制约因素 ……………………………………………………………… (18)
第三章　发展总体思路 ………………………………………………………… (21)
一、指导思想 …………………………………………………………………… (21)
二、发展原则 …………………………………………………………………… (22)
（一）资源依托，规模经营 ………………………………………………… (22)
（二）创新驱动，优势强化 ………………………………………………… (22)
（三）市场导向，品牌打造 ………………………………………………… (22)
（四）农民主体，社会参与 ………………………………………………… (22)
（五）环境友好，持续发展 ………………………………………………… (22)
三、发展目标 …………………………………………………………………… (23)
（一）总体目标 ……………………………………………………………… (23)
（二）具体目标 ……………………………………………………………… (23)
第四章　产业选择与总体布局 ………………………………………………… (25)
一、主导产业选择与产业发展重点 …………………………………………… (25)
（一）产业选择要兼顾现代农业的多种功能 ……………………………… (25)
（二）主导产业与优势品牌构成基础 ……………………………………… (26)
（三）隆尧产业发展重点 …………………………………………………… (28)
二、产业空间总体布局 ………………………………………………………… (29)
（一）一核：东方食品城 …………………………………………………… (30)
（二）三带：构建三大现代农业产业带 …………………………………… (31)
（三）N园：通过创建三个现代农业示范园区推动全县各乡镇多个现代农业园区发展 ……………………………………………………………… (32)
（四）三板块：自西向东构成林果花卉、种养加、农林牧空间格局 …… (34)

三、主要任务 …………………………………………………………………………（35）
（一）加强农业基础设施建设，着力提高农业综合生产能力 …………（35）
（二）加快产业结构调整，构建六大主导产业与优势产品 ……………（35）
（三）实施全产业链条式开发，着力提升农业产业化经营能力 ………（36）
（四）强化农业生产技术规范，健全农畜产品质量安全监管体系 ……（36）
（五）重视品牌培育及市场推广，构建农产品市场流通体系 …………（36）
（六）加大新型农民培训力度，不断创新科技支农模式 ………………（37）
（七）加强地下漏斗区生态保护，着力提高农业可持续发展能力 ……（37）
第五章 重点产业建设项目 ……………………………………………………（38）
一、优质粮食产业 …………………………………………………………………（38）
（一）现状与问题 ………………………………………………………………（38）
（二）发展思路与目标 …………………………………………………………（40）
（三）重点建设内容与产业布局 ………………………………………………（41）
（四）投资和经济效益估算 ……………………………………………………（44）
二、优质蔬菜产业 …………………………………………………………………（46）
（一）现状与问题 ………………………………………………………………（46）
（二）发展思路与目标 …………………………………………………………（48）
（三）重点建设内容与产业布局 ………………………………………………（49）
（四）投资估算与效益分析 ……………………………………………………（53）
三、畜禽标准化规模养殖产业 ……………………………………………………（55）
（一）发展现状与问题 …………………………………………………………（55）
（二）思路与目标 ………………………………………………………………（58）
（三）建设内容与布局 …………………………………………………………（60）
（四）投资及综合效益分析 ……………………………………………………（64）
四、农产品精深加工产业 …………………………………………………………（68）
（一）发展现状与问题 …………………………………………………………（68）
（二）思路与目标 ………………………………………………………………（69）
（三）建设内容与布局 …………………………………………………………（70）
（四）投资及综合效益分析 ……………………………………………………（76）

五、精品林果产业 …………………………………………………… (77)
(一) 现状与问题 …………………………………………………… (77)
(二) 建设思路与目标 ……………………………………………… (78)
(三) 重点项目与建设规模 ………………………………………… (80)
(四) 投资估算与效益分析 ………………………………………… (82)
六、美丽乡村与休闲农业 ……………………………………………… (83)
(一) 发展现状与问题 ……………………………………………… (83)
(二) 建设思路与目标 ……………………………………………… (84)
(三) 产业布局与重点项目 ………………………………………… (85)
(四) 投资概算与效益分析 ………………………………………… (90)
七、生态环境保护建设工程 …………………………………………… (91)
(一) 发展与挑战 …………………………………………………… (92)
(二) 思路与目标 …………………………………………………… (93)
(三) 建设内容与布局 ……………………………………………… (94)
(四) 投资估算与效益分析 ………………………………………… (98)
第六章　支撑服务体系建设……………………………………… (100)
一、农业科技推广服务体系…………………………………………… (100)
(一) 发展现状 ……………………………………………………… (100)
(二) 发展思路 ……………………………………………………… (101)
(三) 发展目标 ……………………………………………………… (101)
(四) 重点建设内容 ………………………………………………… (101)
二、农业信息化服务体系……………………………………………… (102)
(一) 发展现状 ……………………………………………………… (102)
(二) 发展思路 ……………………………………………………… (102)
(三) 发展目标 ……………………………………………………… (103)
(四) 重点建设内容 ………………………………………………… (103)
三、农产品流通配送体系……………………………………………… (104)
(一) 发展现状 ……………………………………………………… (104)
(二) 发展思路 ……………………………………………………… (104)

（三）发展目标 …………………………………………………………（104）
（四）重点建设内容 ……………………………………………………（104）
四、农产品质量安全体系……………………………………………（106）
（一）发展现状 …………………………………………………………（106）
（二）发展思路 …………………………………………………………（106）
（三）发展目标 …………………………………………………………（106）
（四）重点建设内容 ……………………………………………………（106）
五、农业机械化服务体系……………………………………………（107）
（一）发展现状 …………………………………………………………（107）
（二）发展思路 …………………………………………………………（107）
（三）发展目标 …………………………………………………………（107）
（四）重点建设内容 ……………………………………………………（108）
第七章　投资概算与效益分析……………………………………（109）
一、投资概算……………………………………………………………（109）
二、效益分析……………………………………………………………（109）
（一）经济效益 …………………………………………………………（109）
（二）社会效益 …………………………………………………………（110）
（三）生态效益 …………………………………………………………（111）
第八章　保障措施…………………………………………………（112）
一、建立健全高效运转的组织机制…………………………………（112）
（一）加强规划的组织领导 ……………………………………………（112）
（二）县乡镇村协调联动机制 …………………………………………（112）
（三）加强项目管理与绩效考核 ………………………………………（112）
（四）重视发挥科技支撑作用 …………………………………………（113）
二、搭建稳定坚实的农业支持平台…………………………………（113）
（一）加大投入力度 ……………………………………………………（113）
（二）强化资金整合 ……………………………………………………（113）
（三）加大招商引资力度 ………………………………………………（114）

三、构建务实有效的三产融合经营机制……………………………………（114）
（一）加强规划示范引领 ……………………………………………………（114）
（二）出台政策激励措施 ……………………………………………………（114）
（三）建立利益共享机制 ……………………………………………………（115）
四、推行内外贯通的战略合作模式…………………………………………（115）
（一）推动农业“走出去” …………………………………………………（115）
（二）加强区域战略合作 ……………………………………………………（115）
（三）加强对外宣传推广 ……………………………………………………（115）
五、打造保障有力的农业监管体系…………………………………………（116）
（一）加强农村法治宣传教育 ………………………………………………（116）
（二）提高农业依法监管水平 ………………………………………………（116）

第一章　规划背景意义

一、产业规划背景

（一）近年中央一号文件聚焦农业现代化与乡村振兴战略

改革开放以来，近20年中央一号文件都是将“三农”工作作为全党工作的重中之重，自2014—2016年以来连续三次将“农业现代化”写入标题的中央一号文件。强调要用发展新理念破解“三农”新难题，提出要推进农业供给侧结构性改革，这对解决“三农”新老问题、有序推动农业现代化、确保亿万农民迈入全面小康社会具有重要意义。2015年初中央印发了《关于加大改革创新力度加快农业现代化建设的若干意见》。2015年5月农业部等七部委联合发布《全国农业可持续发展规划》指出，大力推动农业可持续发展，是建设美丽中国的必然选择，是走中国特色新型农业现代化道路的内在要求。2015年8月国务院办公厅印发了《关于加快转变农业发展方式的意见》，明确把转变农业发展方式作为加快推进农业现代化的根本途径。2015年10月召开的十八大五中全会部署了需要取得“明显突破”的十大领域之一，即是加快农业发展方式转变和技术创新的步伐，农业现代化取得突破性进展。我国经济发展进入“转方式、调结构”的新阶段，主动适应经济发展新常态，按照稳粮增收、提质增效、创新驱动要求，推动新型工业化、信息化、城镇化和农业现代化同步发展。

特别是习近平同志在2017年10月18日党的十九大报告中提出了乡村振兴战略，两次重申农业农村农民问题是关系国计民生的根本性问题，必须始终把解决好“三农”问题作为全党工作的重中之重。2018 年 1 月 2 日国务院公布了《中共中央国务院关于实施乡村振兴战略的意见》(2018 年中央一号文件);同年 3 月 5 日国务院总理李克强在《政府工作报告》中提到大力实施乡村振兴战略;5 月 31 日中共中央政治局审议《国家乡村振兴战略规划(2018—2022 年)》;9 月中共中央国务院印发了《国家乡村振兴战略规划(2018—2022 年)》,立项要求各地区各部门结合实际认真贯彻落实。农业现代化是解决“三农”问题的有效途径,现代农业发展的目标是乡村振兴。

(二)国家现代农业示范区建设加速现代农业发展进程

早在 2009 年 7 月,农业部党组就正式提出在全国范围内创建一批国家现代农业示范区;2009 年 11 月,农业部印发了《农业部关于创建国家现代农业示范区的意见》和认定管理办法;2010 年一号文件与政府工作报告正式写入了“创建国家现代农业示范区”的内容;国家《国民经济和社会发展第十二个五年规划纲要》也要求“推进现代农业示范区建设。国务院在 2012 年初颁发了《全国现代农业发展规划(2011—2015 年)》,要求珍惜、抓住、用好难得的历史机遇,着力突破瓶颈制约,努力探索出一条具有中国特色的农业现代化道路。2013 年底的中央农村工作会议和 2014 年中央一号文件均明确指出:在我国现代农业发展过程中,要“发挥现代农业示范区的引领作用”。2014 年 7 月 1 日,在黑龙江省哈尔滨市举行的“全国现代农业示范区建设经验交流会”上,国务院副总理汪洋强调指出:国家现代农业示范区是推进现代农业建设的重要抓手,要坚持因地制宜,突出各自特色,积极探索可复制、可推广的发展模式。2010 年以来,农业部已在全国范围内先后三批认定了 283 个国家现代农业示范区。2015 年,中央一号文件指出要扩大现代农业示范区奖补范围,2015 年 9 月,农业部、发改委、财政部和银监局联合发布《关于扎实推进国家现代农业示范区改革与建设率先实现农业现代化的指导意见》,力争 2020 年,一半以上的示范区进入基本实现农业现代化阶段。

(三)京津冀协同发展国家战略实施给隆尧带来重大机遇

《京津冀协同发展规划纲要》(简称《规划纲要》)是新中国成立以来河北

省第一个整体参加的国家重大发展战略。2015 年 4 月 30 日，中共中央政治局召开会议，正式审议通过了《规划纲要》，7 月 24 日，中共中央政治局常委、国务院副总理张高丽主持召开京津冀协同发展工作推动会议，就贯彻落实《规划纲要》提出明确要求、做出安排部署。河北省委也召开八届十一次全体（扩大）会议，审议通过了《中共河北省委、河北省人民政府关于贯彻落实〈京津冀协同发展规划纲要〉的实施意见》。京津冀交通一卡通互联互通业务早已编制完成，区域清分结算中心正在建设。京津冀毗邻地区省际班线公交化改造试点稳步推进，道路客运北京地区联网售票系统建设完成。此外，京津冀产业对接协作持续推进。围绕集中构建“4+N”（4 个战略功能区和若干个合作共享平台。4 个战略功能区分别是，曹妃甸产城融合发展示范区、新机场临空经济合作区、张承生态功能区、滨海中关村科技园）的产业合作格局，结合不同区域资源禀赋特点，建立协同发展示范区联席会议制度，组建投资公司，制订完成先行启动区开发建设方案，启动基础设施建设。京津冀协同发展国家战略的实施将有助于河北省、邢台市及隆尧县现代农业的快速发展，以全面深化改革为引领，创新现代农业发展体制，增强农业可持续发展能力，巩固提升商品粮生产核心区地位。

（四）河北省与邢台市出台了一系列现代农业发展新举措

2016 年 1 月 20 日召开的河北省农村工作会议强调，坚持以创新、协调、绿色、开放、共享的发展理念为引领，以高端设施农业为重点，统筹推进现代农业发展。要大力推进农业供给侧结构性改革，发挥农业的多种功能作用。会议要求大力发展现代农业园区，搞好园区规划，加快土地流转，延长产业链，推动农业园区与农村社区“两区同建”，积极破解土地、金融、人才等瓶颈，推动一二三产业融合发展，大力发展高端设施农业、农产品加工业和休闲农业、乡村旅游、物流业。2016 年河北省一号文件提出实施“快递下乡”工程，加快完善县乡村物流体系；并鼓励大型商务平台企业建设涉农电子商务平台，开展农村电商服务。“快递下乡”加快了城市走进来、农村走出去和“最后一公里”工程，“互联网+农业”将获得更大的发展机遇。2012 年 7 月省政府办公厅出台了《河北省现代农业发展规划（2012—2015 年）》，明确了河北省农产品供给、农业物质装备、农业科技、农业生产经营、农民收入等七大类 26 个具体指标。2015 年 2 月，农业部发布了关于认定第三批国家现代农业示范区的通知，河北省有 7 个示范区被认定为国家现代农业示范区（包括邢台市威县）。加上第一批的唐山市玉田县，第二批的定州市、武强县、肃宁县、武安市，河北省国家现代农业示范区达到 12 家。创建全省或国家现代农业示范区是加速现代农业发展的助推器。

（五）隆尧大力落实“11446”战略并积极构建“135”空间布局

“十三五”时期，隆尧县提出大力落实“11446”发展思路，积极构建“135”空间布局。“11446”发展思路即围绕建设“幸福隆尧”的 1 个发展愿景和“争先进位、富民强县”的 1 个总目标，大力抓干部、抓项目、抓环境、抓民生 4 方面工作，加快发展食品制造业，装备制造业、现代农业、现代服务业等 4 个产业，重点推进平安隆尧建设、社会保障体系建设、美丽乡村建设、环境保护、科教振兴、历史文化遗产保护和开发 6 项工程。“135”空间布局即按照“一城、三区、五组团”的发展布局，即将隆尧县城打造成独具魅力的 1 个中心城区，加快发展 3 区：隆尧经济开发区、滏阳经济开发区（东方食品城园区）和文化旅游聚集区，进而以区域中心乡镇为核心，以多样化、专业化和特色化为方向，积极发展交通、商贸物流业，进一步加快产业聚集，将尹村、固城、魏家庄、东良、牛桥等乡镇培育成以阀门制造、汽车配件、五金制品、泽畔莲藕、花卉林果与畜牧养殖现代特色农业等为主导产业，5 个区域相对聚集、产业特色鲜明、生态文明、宜居宜业，且功能配套的 5 组团。

二、产业规划意义

（一）有利于调整产业结构，聚焦农业供给侧结构性改革

“推进农业供给侧结构性改革”成为 2016 年中央一号文件重点。2016 年中央一号文件提出要优化农业生产结构和区域布局。全国启动实施种植业结构调整规划，稳定水稻和小麦生产，适当调减非优势区玉米种植等。从国内外农业现代化发展规律看，农业产前、产中、产后衔接更加紧密，产加销、农工贸一体化经营全面发展，要实现传统农业向现代农业转变，必须在重视生产的同时，高度重

视加工、销售有机结合，不断延长产业链条，大力推进农业产业化经营。《隆尧现代农业发展总体规划》编制工作，将积极推动各乡镇发展规模化现代特色农产品，有利于增强农产品加工业，拓展农业产业链，带动加工、储藏、运输、营销等关联产业发展，通过“一镇一品”的产业发展方式，加快培育全县区域主导产业。

（二）有利于推动农业绿色发展，提高隆尧农产品竞争力

从2015年年底的中央农村工作会议强调“要更加注重促进形成绿色生产方式和消费方式”，到2016年的中央一号文件专章部署“推动农业绿色发展”，我国首次将食品安全上升至国家战略。中央一号文件提出，加快完善食品安全国家标准，到2020年农兽药残留限量指标基本与《国际食品法典标准》接轨。创建优质农产品和食品品牌，加快健全从农田到餐桌的农产品质量和食品安全监管体系，建立全程可追溯、互联共享的信息平台等。党中央始终强调绿色发展，“绿水青山就是金山银山”已成为社会共识。这就对隆尧县本地的农产品生产也提出了更高的要求。隆尧县现代农业发展总体规划的制定，有利于夯实区域农产品生产基础，做大做强隆尧县现代农业特色品牌产品，将资源优势转化为现实的市场竞争优势，提高农产品市场竞争力。

（三）有利于明确农民主体地位，增进与保障农民利益

2016年中央一号文件首次明确了“农民主体”“小康不小康，关键看老乡”“中国要富，农民必须富”，习近平总书记在谈到“三农”问题时都在强调“农民”这个主体。中央一号文件把坚持农民主体地位、增进农民福祉作为农村一切工作的出发点和落脚点，用发展新理念破解“三农”新难题。所有新型农业经营主体的发展，其本质上都是为了保障农民利益。2016年中央一号文件全面贯彻了党的十八届五中全会确立的“创新、协调、绿色、开放、共享”的五大发展理念。创新主要体现在农业科技创新、培育新型职业农民、适度规模经营等方面；绿色则体现在对“加强资源保护和生态修复，推动农业绿色发展”的部署上；开放主要表现在统筹利用国际国内两个市场、两种资源；共享则是贯穿各个方面，最终落实这些政策的目的都是让农民受益。随着土地的加快流转，基础设

施进一步完善，集约经营将成为现代农业发展的必然要求。隆尧现代农业发展规划工作，将促进农产品向最适宜区集中，加快培育现有名牌产品优势产区，并将各乡镇特色资源优势发挥出来，加快形成科学合理的农业区域分工，提升区域农产品品质和品牌市场竞争力，挖掘地区农业和农村内部增收潜力，形成并拓展农民收入新的增长点，实现产业富民。

（四）有利于农村一二三产业融合，实现农业增效农民增收

推进农村一二三产业融合是2016年一号文件的又一个重点。当前农业面临农产品供给充裕，农民增收困难的突出矛盾。一二三产业融合的目的是形成新的产业，引领产业链，增加农业附加值。该文件提出，要推动农产品加工业转型升级，培育一批农产品精深加工领军企业和国内外知名品牌；加强农产品流通设施和市场建设，促进农村电子商务加快发展；大力发展休闲农业和乡村旅游。文件还提出完善农业产业链与农民的利益联结机制。通过创新发展订单农业，支持农业产业化龙头企业建设稳定的原料生产基地、为农户提供贷款担保和资助订单农户参加农业保险；鼓励发展股份合作，引导农户自愿以土地经营权等入股龙头企业和农民合作社，采取“保底收益+按股分红”等方式，让农户分享加工销售环节收益。农业生产发展进入21世纪全球经济一体化的新阶段，农产品市场需求结构也日益呈现多元化、品牌化、安全化和优质化趋势，农业发展已进入保障农产品数量供给与质量安全并重的新阶段，对提高农业综合生产能力、转变农业发展方式提出了更高要求。隆尧县现代农业发展总体规划工作的开展，将有利于充分挖掘区域特色资源潜力，尽快形成新的现代农产品生产能力，增加优质农产品供给，满足日益精细化的农产品市场需求，提高农产品竞争力，实现农业增效与农民增收。

三、规划主要依据

1. 《农业部关于创建国家现代农业示范区的意见》（农计发〔2009〕33号）及其国家现代农业示范区认定管理办法

2. 《全国主体功能区规划》（国发〔2010〕46号）

3.《全国现代农业发展规划（2011—2015 年）》（国发〔2012〕4 号）

4.《新一轮“菜篮子”工程建设指导规划（2012—2015 年）》（农业部 2012 年 11 月 29 日印发）

5.《国务院关于支持农业产业化龙头企业发展的意见》（国发〔2012〕10 号）

6.《农业部关于推进农业项目资金倾斜支持国家现代农业示范区建设的通知》农计发〔2012〕19 号

7.《农业部　国家开发银行关于推进开发性金融支持现代农业示范区建设的意见》农计发〔2012〕24 号

8.《农业部　财政部　银监会关于加强国家现代农业示范区农业改革与建设试点工作的指导意见》农计发〔2013〕18 号

9.《关于 2014 年申报创建国家现代农业示范区的通知》农计发〔2014〕77 号

10.《关于加大改革创新力度加快农业现代化建设的若干意见》（中发〔2015〕1 号）

11.《全国农业可持续发展规划（2015—2030 年）》，农计发〔2015〕145 号

12.《中共中央国务院关于实施乡村振兴战略的意见》（2018 年中央一号文件）

13.《国家乡村振兴战略规划（2018—2022 年）》中共中央国务院印发

14.《京津冀现代农业协同发展规划（2016—2020）》（农计发〔2016〕57 号）

15.《河北省国民经济和社会发展第十二个五年规划纲要》（2011 年 1 月 16 日河北省第十一届人民代表大会第四次会议批准）

16.《河北省现代农业发展规划（2012—2015 年）》（冀政办函〔2012〕66 号）

17. 2013 年 1 月 18 日河北省委常委会研究决定，《中共河北省委河北省人民政府关于加快发展现代农业，增强农村发展活力的实施意见》以省委一号文件形式印发

18.《2014 年度河北省地下水超采综合治理试点调整农业种植结构和农艺节水项目实施方案》

19.《中共河北省委 河北省人民政府关于加快转变农业发展方式推进农业现代化的实施意见》，2015 年河北省委一号文件

20.《中共河北省委 河北省人民政府关于落实发展新理念加快农业现代化的实施意见》（冀发〔2016〕1 号）

21.《邢台市现代农业发展规划》

22.《隆尧县国民经济和社会发展第十三个五年规划纲要》

23.《隆尧县水利发展总体规划（2015—2020）》

24.《隆尧县交通发展总体规划（2015—2020）》

25.《隆尧县城镇发展总体规划（2015—2020）》

第二章　基础现状分析

隆尧县发展现代农业具有较好的资源、经济和社会基础，发展优势明显，根据县域经济现状，重点从以下几方面分析。

一、区域基础概况

（一）地理位置

隆尧县地处河北省邢台市中部，华北平原腹地，地跨东经 114°32′~115°02′，北纬 37°12′~37°32′，东西宽 41 千米，南北长 39.5 千米。县城位于县境中部，是政治、经济、文化、交通中心，距省会石家庄市 81 千米，距邢台市 55 千米。隆尧县总面积 749 平方千米，耕地面积 84.45 万亩（1 亩≈667 平方米，全书同），辖 6 乡 6 镇 276 个行政村，2 个国有农场，1 个国有原种场，1 个国营良种繁育场，1 个国营苗圃场，1 个国营林场。2015 年总人口 51.9 万人，其中城镇人口 21.1 万人，城镇化率 40.7%，低于全省 48%的城镇化水平。

（二）地形、土壤

全县地势西高东低。西部有尧山、茅山，最高点海拔 156.9 米。中部平原约占总面积的 96%，土层较厚，土体疏松，适种性广，是隆尧县重点粮、棉、油产区。东部为洼地，是古大陆泽遗址，属黑龙港流域的一部分，大部分为潮土（表 2-1）。

表 2-1 规划区土壤分布及适种性情况

土壤类型	占总面积（%）	分布	适种性
潮土	45.0	冲积平原地下水质较好的地带	宜种植蔬菜和粮食作物
石灰性褐土	23.1	尧山山麓平原及县中部	宜种林果
潮化褐土	16.8	山麓平原下部	适种作物广泛

（三）气候资源

隆尧县属暖温带半湿润季风性气候，具有南北过渡性特点，冬寒夏暑，冬干夏雨，雨热同期，四季分明。年平均气温 12.8℃，夏季平均气温 26℃，冬季平均气温-0.9℃，年极端最高气温 42.5℃，年极端最低气温-24.8℃。全年无霜期 195 天，全年日照时数平均2 474小时，日照百分率 56%。年平均相对湿度 66%，日平均风速为 2.8 米/秒，地面温度年平均为 15.2℃（图 2-1，图 2-2）。

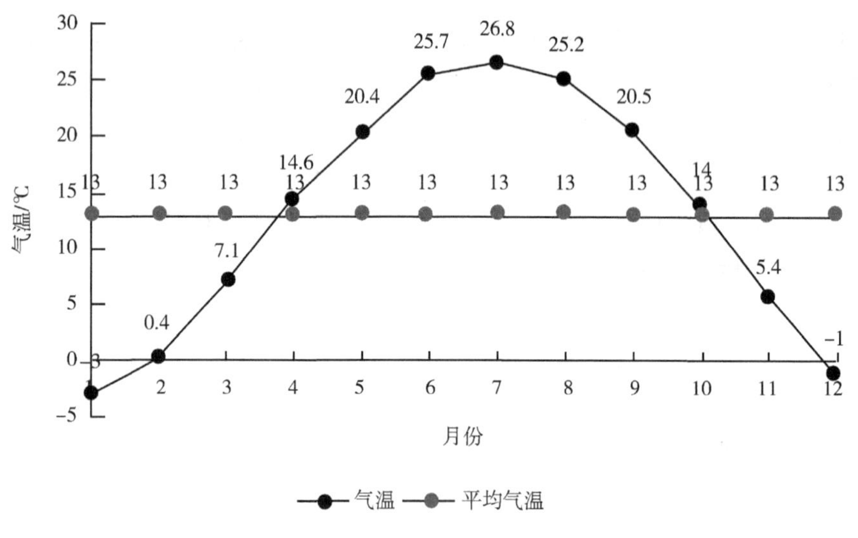

图 2-1 规划区气温（℃）

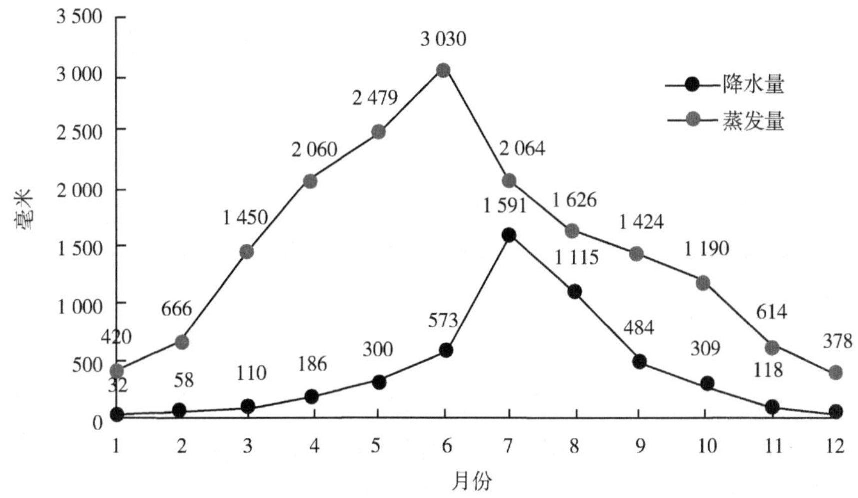

图 2-2　规划区降水及蒸发情况（毫米）

（四）水资源及用水现状

1. 水资源

隆尧县地处水资源缺乏和旱涝易发生的地带，平均年降水量 491. 3 毫米，地表水总量1 018. 2万立方米，地下水资源量6 243. 2万立方米，浅层地下水可开采量为8 542. 6万立方米，浅层地下水水位埋深范围在 15～30 米，深层地下水水位埋深范围在 35～50 米。境内有午河、泜河、北澧河、滏阳河和小漳河 5 条主要河流，总长 107. 6 千米，分属黑龙港水系和子牙河水系。目前境内大部分河流已干涸，只有部分河段存有少量工业废水。

我国人均水资源量仅为世界人均水平的 28%，邢台市人均水资源量 220 立方米，仅相当于全国平均水平的 10%，全省平均水平的 75. 2%（表 2-2）。隆尧县水资源缺乏情况更加严峻，人均水资源量仅为邢台市人均水平的 2/3。水资源的匮乏成为制约隆尧县现代农业发展的重要因素，促使其必须加快发展节水农业。

表 2-2 隆尧县人均水资源量与全国人均水平比较情况

区域名称	水资源总量（亿万立方米）	人均水资源量（立方米）
隆尧县	0.8	142.7
邢台市	14.6	220
河北省	204.7	307
全国	27 266.9	2 100

资料来源：隆尧县水资源情况源于隆尧县水权分配报告，全国与河北省的情况源于 2014 年国家与省水资源公报

2. 供水现状

全县主要的供水水源为地下水，浅层地下水13 520.6万立方米，深层地下水4 591.5万立方米。其中，农业供水为深浅层地下水；生活供水全部为深层地下水，城镇由隆尧县自来水公司供水，农村供水 276 个村中 222 个村由 13 个联村集中供水厂供水，8 个村由自来水公司供水，46 个村分散供水；非农生产全部为自备井取用地下水；环境供水为地下水。

3. 用水现状

全县年用水总量18 422.1万立方米。其中农业（农林牧渔）用水量16 427.3万立方米，生活用水量1 129.6万立方米，非农生产用水量 850.3 万立方米，生态环境用水量 14.9 万立方米。农业：生活：非农生产：生态环境用水结构为89.2：6.1：4.6：0.1。全县地下水用水量18 112.1万立方米，而可开采水量仅为8 542.6万立方米。

（五）土地利用现状

2015 年末，全县土地总面积为 111.798 万亩。其中，农用地面积为 90.491 万亩，占土地总面积的 80.94%；建设用地面积为 14.517 万亩，占土地总面积的 12.98%；其他用地面积为 6.791 万亩，占土地总面积的 6.08%。其中，耕地占全县土地总面积的 76.64%；园地占 1.00%；林地占 1.48%；其他农用地占 1.82%。从各乡镇来看，隆尧镇总面积和林地面积最大，但千户营耕地最多，东良乡园地面积最大（图 2-3，表 2-3）。

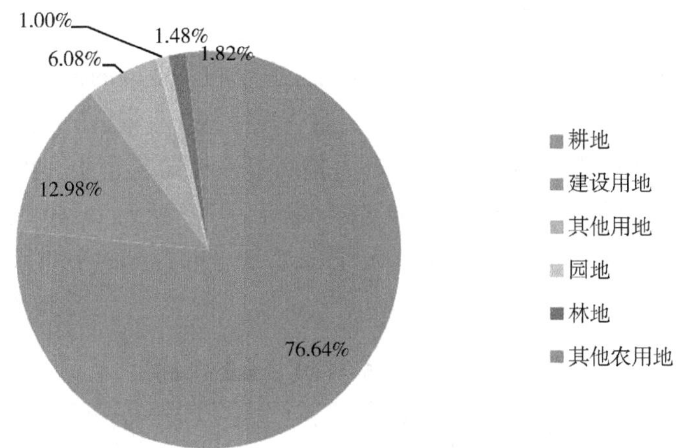

图 2-3　隆尧县总体土地利用现状比例

表 2-3　2015 年隆尧县各行政区域土地利用现状　　单位：万亩

区域名称	总面积	耕地	园地	林地
隆尧县	111.798	84.45	1.10	1.76
隆尧镇	12.23	8.37	0.12	0.30
魏家庄镇	6.17	4.86	0.07	0.09
北楼乡	5.69	4.51	0.13	0.03
东良乡	10.35	8.15	0.16	0.08
双碑乡	5.50	4.10	0.01	0.08
尹村镇	10.16	6.90	0.02	0.10
山口镇	8.20	5.90	0.02	0.09
牛桥乡	7.48	5.99	0.04	0.14
莲子镇镇	11.27	8.14	0.13	0.20
千户营乡	11.70	9.55	0.02	0.24
大张庄乡	10.18	8.07	0.00	0.02
固城镇	9.67	8.11	0.01	0.01
苗圃（农、林）场等	3.198	1.80	0.37	0.26

注释：资料来源：县国土局；表中苗圃（农、林）场等指苗圃场、良种场、唐庄农场、柳行农场、国有林场以及旧城农场毛尔寨分场

（六）社会经济条件

隆尧县形成了以东方食品城的食品加工和县城工业园的机械制造为主，以五金制钉、汽车配件、水泥建材、纺织、服装为特色产业集群的发展格局。现有今麦郎公司、奎山集团、金隆集团、远大集团等一批知名企业。2015 年隆尧县一产达到25.268 1亿元，二产达到35.484 6亿元，三产达到29.498 8亿元，农业贡献率高于邢台市的平均水平，全县人均 GDP 低于邢台市的平均水平。具体情况见表 2-4。

表 2-4　2015 年隆尧社会经济比较

名称	GDP（亿元）	一产贡献率（%）	二产贡献率（%）	三产贡献率（%）	人均 GDP（元）
全国	676 700.0	9.0	50.5	40.5	52 000.0
河北省	29 806.1	11.5	48.1	40.2	40 367.2
邢台市	1764.7	15.6	45.0	39.4	24 256.0
隆尧县	90.3	28	39.3	32.7	17 389

注释：数据来源于 2015 年国家、省、市统计公报

二、农业发展条件与产业现状

（一）农业发展条件

1. 农村土地确权稳步推进

农村土地确权登记颁证工作开展以来，隆尧县成立了“隆尧县农村土地承包经营权确权登记工作领导小组”，各乡镇也成立了专门的领导机构，加强组织领导，落实工作责任。按照省市要求，2015 年完成全县耕地总面积的 50%，全县共涉及 11 个乡镇，159 个村，38.87 万亩。

2. 农村土地流转进展顺利

隆尧县认真贯彻落实了河北省农业厅《关于加强对工商资本租赁农地监管和风险防范的通知》精神，对土地流转工作开展了一次全面督查，及时协调解决出

现的问题。截至 2015 年 11 月底，全县土地流转面积达到 14 万亩，占耕地面积的 20%，与全国土地流转率 30%相比还有差距，但高于河北省 17%的流转水平。后续将采取一系列措施继续落实土地流转：一是搭建土地流转县、乡、村三级服务平台，年底前全县 12 个乡镇便民服务中心增设土地流转服务窗口，为土地流转提供保障；二是规范土地流转行为，让农户分享土地流转带来的收益，发放全省统一土地流转制式合同；三是完善扶持措施，设立土地流转奖励资金，对具有适度规模效益的规模经营主体、组织规模流转的机构等给予一定的奖补。

3. 科技培训与推广成效显著

隆尧县成立了农业技术服务专家指导组。在小麦春季管理和玉米管理的关键时期，结合农业生产实际，定期巡回指导，根据苗情长势及气候条件制定各个时期农作物管理技术意见。每年组织技术培训 50 多场，出动技术人员 300 多人次，培训科技示范户 1 380户，培训农民6 000多人次，有力地促进了各项管理技术措施的落实。基层农技人员能力提升项目，定期对1 000户科技示范户培训，病虫害防治、高产创建、水肥一体化、退耕还林后续产业等系列培训。

4. 现代农业园区建设基础良好

全县十三五初期拟发展 3 个现代农业园区：1 个综合型园区—隆尧东方现代农业园区；2 个专业农业园区—隆尧柏人休闲农业园区和隆尧千户现代农业园区。

隆尧县东方现代农业园区是以农产品加工为主导产业，有今麦郎、宏望等农产品加工类企业 50 余家，食品加工优势明显，2015 年被评为市级现代农业园区。园区规划面积 15. 2 万亩，包括莲子镇 23 个行政村、牛桥乡 13 个村、魏家庄镇 4 个村，共 40 个行政村，规划布局为“一城一环一带二区”。园区整体定位为以农产品加工业为引领，集优质粮食、特色畜禽、设施蔬菜、休闲观光为一体的综合性省级农业示范园区。

隆尧县千户现代农业园区包括千户营全乡 21 个行政村，拥有有机蔬菜品牌优势和露地蔬菜、标准化养殖产业基础。规划总面积 11. 7 万亩，耕地面积 9. 55 万亩。园区以生产安全、绿色、健康的产品为理念，重点打造绿色蔬菜、畜禽养殖两条产业链。整体定位以精品蔬菜、优质畜禽等高端优质农产品生产为主的现代农业园区。

隆尧县柏人休闲农业园区包括双碑全乡 17 个行政村，拥有李昙家族墓群、柏人城两大历史文化资源，同时基本形成以红沙峪、腾凤、立雄、如山等企业基地为引领的设施蔬菜、林果、苗圃产业。规划总面积 5.5 万亩，整体定位为以历史文化为内涵，以观光采摘、休闲旅游为支撑的现代农业体验园。园区整体形成“一带两环”产业格局，其要点在于“李昙家族墓群”“柏人城”向外扩展休闲观光产业带。

（二）农业产业现状

隆尧县农业发展条件优越，全县耕地面积 84.45 万亩，2015 年，隆尧县农林牧渔总产值实现 45.81 亿元。其中，农业产值 27.38 亿元，牧业产值 17.38 亿元，林业产值 0.37 亿元，服务业产值 0.69 亿元。隆尧县拥有隆尧辣椒、泽畔藕、隆尧大葱等一批特色农产品，先后荣获全国食品工业强县、全国第一批商品粮基地县、全国农产品加工业示范基地县、首批全国农业产业化示范基地、全国粮食生产先进县、河北省粮食生产核心区建设县等称号。食品加工业年产方便面 80 万吨、饮品 100 万吨，年消化小麦 120 万吨，是全国最大的方便面生产基地。

1. 粮食作物单产高

2015 年粮食种植面积 114.5 万亩，总产 52.4 万吨，棉花播种面积 2.1 万亩，油料播种面积 4.65 万亩，谷子、高粱、绿豆、黑豆、红小豆等小杂粮种植面积 5 万亩以上。隆尧县作为小麦、玉米等农产品的主产区，2015 年小麦种植面积 58.3 万亩左右，单产达到 472.8 千克/亩，玉米播种面积保持在 50 万亩左右，单产达到 458.4 千克/亩。近年来，随着新品种、新技术引进推广和标准化粮田建设，农作物品质得到进一步提升，粮食产量得到稳定发展，隆尧县连续 3 年被评为全国粮食生产先进县。

2. 传统蔬菜特色突出

常年蔬菜种植面积 13.7 万亩左右，蔬菜总产 66.69 万吨，设施蔬菜面积 2.7 万亩。怡东农牧等 11 家单位的 26 个蔬菜品种通过有机、绿色、无公害蔬菜和地理标志等品牌认证，面积达 5.25 万亩。初步形成以隆尧镇和山口镇为主的大葱种植区；以东良乡为主的泽畔莲藕和油麦菜、菠菜等叶菜种植区；以千户营乡为主的秋甘蓝、架冬瓜种植区；以魏家庄镇和固城镇为主的大棚番茄、西瓜种植区；尹村镇大宁铺村的大棚茄子、番茄及露地香菜、菠菜、芥蓝等蔬菜种植区。

3. 核桃苹果优势明显

2015 年，隆尧县果树总面积达到 2.57 万亩，干鲜果品总产量达到 55 068 吨。其中，核桃面积 1.02 万亩，总产 300 吨；苹果面积 0.97 万亩，总产27 346吨；梨树面积 0.50 万亩，总产25 740吨。核桃发展较快，成为隆尧县面积最大的果树树种，带动发展了河北红沙峪、隆尧县绿洲薄皮核桃专业合作社等一批以种植核桃为主的企业和专业合作社。梅庄作为国红苹果基地，邢台市彦岭果木专业合作社注册的“隆红蜜”商标国红苹果获得河北省优质名牌称号，远销全国多个大中城市。

4. 畜牧业规模化程度高

2015 年底，隆尧县肉、蛋、奶产量分别达到 3.65 万吨、8.36 万吨、2.53 万吨。全县规模养殖场（区）发展到 130 家，其中常年存栏 300 头以上的规模猪场 60 家，存栏5 000只以上的养鸡场 70 家，奶牛全部实现了规模养殖。猪、鸡、肉羊、奶牛规模化养殖率分别达到 65%、90%、76%、100%。全县通过备案注册登记的规模养殖场达 130 家。

三、现代农业发展有利条件与制约因素

（一）有利条件

1. 交通优势明显

隆尧县交通便利，地处环渤海经济圈，北距石家庄 81 千米，南距邢台 55 千米，距邢台东站 35 千米，西距高速路口 14 千米，距北京、天津、太原、济南、郑州均在 450 千米以内，京广铁路、107 国道、京珠高速公路纵穿南北，南郝、隆昔、邢德三条省级公路横跨东西。276 个村全部实现了村村通公路，是河北省公路密度最大、综合交通优势最强的县市之一。

2. 农产品加工业实力雄厚

隆尧是典型的二产带动一产、三产发展的地区，食品加工企业聚集的东方食

品城是全国农产品加工示范基地，也是世界上最大的方便面生产基地。2015年东方食品城完成主营业务收入186.38亿元，缴税2.24亿元，对全县财政收入的贡献率达38.73%。

3. 产业化程度较高

2015年度农业产业化经营率达到74.71%。荣获邢台市委、市政府2015年农业产业化经营先进县称号。2015年完成500万元以上农业产业化项目投资14.7亿元。隆尧县拥有龙头企业40家，数量全市第一，其中国家级1家、省级5家。全县登记注册家庭农场35家。

4. 机械化水平较高

目前，隆尧县小麦生产实现了生产环节的全过程机械化，玉米机械化收获经过不断示范推广，已经实现大面积推广，机收率达到80%，高于邢台市约70%的平均水平，成为农业新的亮点。近年来小麦种植面积减少但产量增加，与其农机的迅速发展密不可分。特别是16万亩农机深松作业项目圆满完成，深受广大农民群众的欢迎，对促进粮食增产、农民增收发挥了积极的作用。农机作业领域由粮食作物向经济作物、养殖业、农产品加工业等全面发展，集收获、耕整、播种于一体的机械化复式作业应用范围扩大。

5. 京津冀协同发展为现代农业发展提供了广阔空间

京津冀协同发展战略的加快推进，为隆尧县农产品拓展了更广阔的市场空间。针对京津市场需求，通过加强与京津都市农业发展模式的联结，充分挖掘地方农业资源优势，大力推进无公害农产品产地认定与产品认证一体化建设，将对实现隆尧县现代农业跨越式发展提供广阔的市场空间。

（二）制约因素

1. 农业水资源短缺，生态压力日益增大

水资源短缺、超采地下水引起的区域生态环境恶化，成为严重制约隆尧县农业发展的一大因素。隆尧县人均水资源量为142.7立方米，仅为邢台市人均水平的2/3，相当于全国人均的1/30，远低于国际通行的人均500立方米极度缺水标准。“十二五”期间，隆尧发展节水灌溉取得了一定成效，投资8 750万元，安装低压防渗输水管道250万米，更新机井600眼，发展节水灌溉面积25万亩，在西部乡镇岗坡地完成以微灌为主的节水灌溉面积1万亩。到2015年，60%以上的耕地已实现节水灌溉。在“十三五”期间将在推广节水灌溉的同时进一步加强农作物节水品种、节水技术等的推广使用。

2. 农业面源污染日益突出，环境治理任务艰巨

近年来，随着农业的迅速发展和农业投入的不断加大，隆尧县农业面源污染问题日益突出，现代农业发展环境压力较大。化肥、农药、地膜的不合理使用已成为隆尧县农业面源污染的主要来源。2015年，隆尧县化肥使用量为4.32万吨，单位面积使用量达38.62千克/亩，远远超过发达国家规定化肥使用量的上限标准15千克/亩；农膜使用量达到451吨，地膜覆盖面积占耕地面积的10.86%，将近有一半的农膜残留在土壤中，造成非常严重的环境污染。同时，随着畜禽养殖业的发展，畜禽粪便处理能力弱的问题已经显现，畜禽粪便污染成为当前农业面源污染的主要污染源之一。另外，隆尧县农村人口多，农村生活垃圾产生量大，但处理率低，缺乏垃圾处理设备，生活污水直接排放，污染了河流水质及生态环境。

3. 一二三产业链接不够紧密，融合度不高

今麦郎本部年需小麦30万吨，隆尧本地仅提供10万吨；年需脱水蔬菜0.18万吨，全部由外埠提供；年需牛肉0.16万吨，全部由外埠提供；年需轻型鸡蛋160万枚，隆尧县本地仅提供40万枚。虽然粮食种植面积大，分布集中，但是效益低。蔬菜产业虽然规模大，但以露地蔬菜为主，且分布零散，缺乏高端产品的生产，组织化程度较低；林果产业正处在成长初期。畜牧业虽然在农民增收中占有较大比重，但考虑到畜牧业的发展对环境的负面影响，需对其空间布局和生产结构做出调整。因此隆尧县农业主导产业需进一步调整加强。

4. 农业科技支撑能力有待强化

隆尧县农业产业规模不大且比较分散，要素支撑的方式尚未根本改变，创新驱动发展的动力机制尚未建立。而且随着新媒体的飞速发展，“互联网+”农业的模式成为引领现代农业转型升级的重要途径，围绕生产、加工、流通、销售等环节的信息化建设仍需加强。虽然农产品加工优势明显，但在其他环节科技支撑还需强化，做大做强现代农业的任务仍然艰巨。

5. 新型农业经营主体发展质量不高

新型经营主体数量虽然较多，但规范化管理和运营较少。尤其是农业专业合作社未能充分发挥其作用，服务层次偏低，整体实力薄弱，农户与企业、合作组织的利益共享机制尚未有效建立，如何确保农户公平分享到产业增值效益值得探索。

第三章 发展总体思路

一、指导思想

全面落实党的“十八大”和十八届三中、四中、五中全会以及2016年中央经济工作会议和中央农村工作会议精神，牢牢把握国家实施京津冀协同发展的战略机遇。坚持“以提质增效为核心，优粮、增蔬、扩林、培养、强加”的农业产业结构调整总基调（将“以提质增效为核心，优粮、增蔬、扩林、培养、强加”作为产业发展总基调。提质增效：提升农产品品质，提高农民收入及农业效益，优粮：优化粮食作物品种结构，增蔬：增加蔬菜瓜果等作物种植，扩林：扩大经济林木果品花卉规模，培养：培植壮大畜禽养殖规模与水平，强加：强化农产品加工业竞争力。），围绕建设“幸福隆尧”的一个发展愿景和“争先进位、富民强县”一个总目标，大力抓好民生等4方面工作，加快发展现代农业等四个产业，重点推进平安隆尧建设等六项工程；按照“一城、三区、五组团”的发展布局，将隆尧县城打造成独具魅力的中心城区，加快发展隆尧县经济开发区、滏阳经济开发区（东方食品城园区）和文化旅游聚集区，进而以区域中心乡镇为核心，以多样化、专业化和特色化为方向，积极发展交通、商贸物流业，进一步加快产业聚集，将尹村、固城、魏庄、东良、牛桥等乡镇培育成五个区域相对聚集、产业特色鲜明、生态文明、宜居宜业，且功能配套的五组团。即以新发展理念为引领，依靠改革创新推进隆尧县农业现代化，主动适应经济发展新常态，立足隆尧县资源特点、经济基础与产业优势，大力培育特色农业，加快转变农业发展方式，不断提高土地产出率、资源利用率、劳动生产率，实现隆尧现代农业的集约化、规模化、品牌化发展与可持续发展。

二、发展原则

（一）资源依托，规模经营

依托资源基础，突出隆尧县地方特色，优先发展资源条件好、特色鲜明、优势突出、市场竞争力强的农产品，通过合理布局现代农产品生产，促进生产要素在产业空间配置优化，使主导产业形成具有规模优势的产业化集群。

（二）创新驱动，优势强化

实施创新驱动发展，加强产业的科技投入，通过新技术、新方式改造传统生产经营方式，稳定和增强产品的品质优势，培育产业综合竞争优势。坚持科技集聚区域开发与周边示范辐射相结合，使集聚区域产业比较优势进一步强化升级。

（三）市场导向，品牌打造

坚持市场导向，着眼食品安全，提升品牌，抢占市场。在品种选择上突出镇域特色、品质特色、功能特色、季节特色，满足农产品市场需求的多样化、优质化、动态化要求。要面向市场抓产品、围绕资源抓特色、抓住产品求规模、依托规模树品牌，按照产业化经营的要求，切实把隆尧县现代农业的规模做大、品牌做强、链条做长、质量做高，更强有力地推动现代农业发展。

（四）农民主体，社会参与

不断创新农村经营体制，充分发挥农民的主体作用和艰苦奋斗精神，引导和鼓励社会资本投入农业，凝聚各方力量，合力推进现代农业发展。通过政策引导、市场驱动、信息服务等途径，调动农民自觉自愿投身现代特色农产品基地发展，力争新上一批高标准的农产品基地、示范区及农产品市场与加工物流等重点项目，建立和完善标准化生产，提升隆尧县现代农业发展水平。

（五）环境友好，持续发展

发展现代农业应以自然生态保护为基本前提，建立环境友好的现代农牧业生产体系，坚持基础设施建设与生态环境保护相结合，通过新技术、新工艺改造传统生产经营方式，实现行业内部与行业之间的循环发展，稳定和增强标准化产品的品质优势，培育形成产业持续发展的资源环境优势。

三、发展目标

（一）总体目标

到2020年，隆尧县现代农业取得明显进展。总体目标是将隆尧县打造成为全省现代农业示范区、华北最具特色的粮食高产示范区，建成在全国闻名的食品加工基地、京津石优质农产品供应基地、河北休闲农业和文化旅游体验地。农业基础设施不断完善，综合生产能力显著提升；农业结构更加合理，物质装备水平明显提高，科技支撑能力显著增强，农业发展方式转变取得显著成效，现代农业发展取得重大突破。

（二）具体目标

创建具有区域特色明显、基础条件好、生产水平高、商品量大及市场竞争力强的全省现代农业示范区；打造农业标准化整体推进示范县及华北现代农产品加工基地。提高优势农产品综合生产能力，保障有效供给。合理进行种植产业结构调整，优化粮食品种，增加经济作物和饲草面积，2020年，粮食作物面积、经济作物面积、饲草面积分别为47.32万亩、32.95万亩、4.20万亩左右。

全力培植区域主导产业，做大、做优、做强隆尧县农产品品牌，建设现代农业及其相关产业集聚成带（成群），全县形成大规模现代农业重点产业，建成华北地区现代农业标准化生产示范区及全国现代农产品加工基地。基本建立起乡（镇）村两级“三品一标”农畜产品质量安全监管体系，大宗农畜产品生产标准化覆盖率达到90%以上；实现农业总产值62亿元，年均增长率6.24%，畜牧业产值占比达到50%；粮食总产量47.32万吨；肉类产量4.5万吨，年均增长率4.28%；农民人均纯收入达到14 300元，年均增长率8.5%。

建成全省现代农业生产示范区，全县现代农业指标体系更加完善，农业产业结构更加优化，农业综合生产能力大幅度提高，农民人均纯收入大幅增加，农业科技支撑体系保障有力，农业生态环境明显改善，农村生产生活和谐稳定。其主要指标见表 3-1。

表 3-1　隆尧县现代农业建设主要指标

	主要指标	2015 年	2020 年	年均增长（%）
农业综合生产能力	农业总产值（亿元）	45.8	62	6.24
	粮食总产量（万吨）	52.4	47.32	-2.02
	肉类产量（万吨）	3.65	4.5	4.28
	蛋类产量（万吨）	8.36	10.55	4.76
	奶产量（万吨）	2.53	3	3.47
	出栏生猪（万头）	29.28	35	3.63
	出栏肉牛（万头）	0.91	1.2	5.69
	出栏肉羊（万只）	9.52	15	9.52
农业现代化水平	种植业良种化率（%）	98	98	0.00
	土地集约化率（%）	20	40	14.87
	养殖业良种化率（%）	90	95	1.09
	畜禽标准化规模养殖比重	80	85	1.22
	机械化综合作业水平（%）	80	85	1.22
	农业废弃物综合利用率（%）	85	90	1.15
农民生活	农民人均纯收入（元）	9 510	14 300	8.5
	美丽乡村改造个数	70	140	12.82
农业产业化经营	农产品加工业产值与全县农林牧渔总产值比	2.37	6.10	20.8
	农业产业化龙头企业（个）	40	45	2.38
	畜禽标准化备案规模养殖场	130	200	9.00
	无公害农产品认定（个）	8	23	23.52
	绿色农产品认证（个）	9	12	5.92
	有机农产品认证（个）	7	10	7.39
	农产品地理标志认证（个）	2	2	0.00
	无公害农产品认定面积（亩）	8 000	15 000	13.40
	绿色农产品认证面积（亩）	12 000	17 000	7.21
	有机农产品认证面积（亩）	77	77	0.00
	农产品地理标志认证面积（亩）	30 500	30 500	0.00
	旅游总收入（万元）	500	8 000	74.11

（2015 年农产品三品一标认证数量为 26 个）

第四章　产业选择与总体布局

主导产业就是在区域经济发展中起主导作用的产业，它是指那些产值占有一定比重，采用了先进技术，增长率高，产业关联度强，对其他产业和整个区域经济发展有较强带动作用的产业。农业主导产业是指在农村经济发展的一定阶段上，本身成长性很高并具有较强的创新性，对区域内农业的技术进步和产业结构升级转换具有关键性的导向和推动作用，对农村经济增长具有很强的带动性和扩散性的产业。

一、主导产业选择与产业发展重点

（一）产业选择要兼顾现代农业的多种功能

现代农业具有多种功能，从传统的单一经济功能向精品生产、就业和生活保障、休闲和文化传承、科普和创新示范、生态循环与保护，以及市场开拓与品牌带动等多功能发展。隆尧县 2012—2014 年连续三年被评为全国粮食生产先进县，为国家粮食安全做出了重要贡献。今后在稳定农业生产的同时，要积极践行党的“十八大”提出的生态文明理念与发展方略，以效益为中心，注重生态循环，充分发挥产业基础良好、自然资源丰富、增长潜力较大的优势，加快产业转型升级和生态环境治理，积极发展现代农业，提升现代服务业水平，努力将隆尧县建设成为安全食品和优质农产品生产与加工配送基地、生态屏障保障基地、技术成果转化基地、教育医疗休闲养生功能疏散基地。

隆尧县特色精品生产功能：具有隆尧县特色的“甲家面粉”、“今麦郎”食品、“隆尧大葱”、泽畔贡藕、“隆红蜜”苹果、“正大”畜禽等高端的农产品，可以满足不同层次消费者的需求。

就业和生活保障功能：隆尧县是个农业大县，2015 年总人口 51.9 万人，其中乡村人口 46.5 万人，大部分人员可以在现代农业生产中找到就业岗位，获得生活保障。

休闲和文化传承功能：现代农业使隆尧县悠久的历史与深厚的文化底蕴和农业自然生态景观有机结合而得以传承，通过农业创意文化理念的整体设计和名特优瓜果、蔬菜和现代标准化养殖生产与示范，形成集科学、艺术、文化和农业生态为一体的休闲旅游观光基地。

生态循环与保护功能：现代农业规范种植、现代特色畜禽标准化养殖着力减少农业面源污染，同时注重生态环境修复建设，利用生态农业、循环农业技术，减少农业生产过程中对环境的破坏，保护农业的生态环境。

科普和示范创新功能：现代农业生产基地是城市居民特别是青少年现代农业科普教育和农耕体验基地，同时也是引进消化吸收国内外现代生态循环农业新技术、先进设施和科学管理模式，创新现代农产品生产和研发，逐步形成新产品、新技术的展示窗口和现代农业示范的样板。营造粮、菜、畜禽、果林、加工和休闲旅游设施与美丽乡村建设合理布局，构建四季不同、六业融合、协调发展的格局，美化城乡环境，提升城乡品位，努力创造农村美景。

（二）主导产业与优势品牌构成基础

近年来，隆尧县立足农业增效和农民增收，强力推进农业产业化建设，通过实施“树龙头、兴园区、抓特色、创品牌”系统工程，逐步形成园区化、标准化、品牌化、精品化的现代农业发展新模式。隆尧县先后被评为全国食品工业强县、全国农产品加工业示范基地、全国农业产业化示范基地，2012—2014 年连续三年荣获全国粮食生产先进县称号，2016 年入选全国第三批“食品产业集群区域品牌试点县”。

1. 龙头企业推动农业主导产业形成

隆尧县制定了培育和发展农业龙头企业激励和扶持政策，把农业招商作为年终考核奖惩的重要依据，以打造京津石绿色农副产品供应基地为目标，建立了隆尧县农业产业化重点项目库。目前，隆尧县拥有 1 家国家级、5 家省级、39 家市级农业产业化龙头企业。市级以上农业产业化龙头企业总数位居邢台市第一。通过农业产业化项目的驱动，形成龙头企业和配套、对接产业集群发展的格局。

2. 农业园区促进主导产业链延伸

按照项目向园区聚集、政策向园区倾斜、要素向园区集中的原则，隆尧县立足食品产业，实施相关企业进园战略，把东方食品城园区打造成了首批国家农业产业化示范基地，围绕主导产业链条延伸，积极招引、培育农业产业化项目高新技术企业。

2015 年，东方食品城园区新上 12 个食品类项目，总投资 22.23 亿元，其中投资 2.2 亿元的今旭保鲜湿面、投资 2 亿元的今麦郎小麦专用粉、投资 1.24 亿元的麦道佳食品添加剂、投资 1.2 亿元的金码食品馅料、投资 1.53 亿元的曙光精制植物蛋白等农业产业化项目相继开工建设。园区项目承载力、产业聚集度、辐射带动力跨上新台阶，带动了主导产业、特色经济板块的快速发展，形成了生产标准化、规模化、市场化的 60 万亩优质小麦、13 万亩专用蔬菜、800 万只蛋鸡养殖等原材料基地，带动了 6 万多农户参与农业产业化经营。

3. 农业特色产业逐步成长壮大

隆尧县委县政府以抓特色带动产业化工作示范效应，加快推进特色农业产业化示范园区建设。建立县领导与技术人员每月入园指导机制，列出专项资金给予重点扶持，将特色高效农业作为农业产业化的有力延伸，通过强化政府引导，加强技术服务，加强农民合作组织建设等措施，建成了怡硕蔬菜、隆尧大葱、泽畔莲藕、梅庄苹果、魏庄熏鸡、隆尧羊肉、丘底素叠等具有隆尧县特色品牌的地方特色产业，推进了新技术、新品种、新品牌的推广。农业产业化示范园区的创建，直接受益群众 3 万多人，直接增收 10.3 亿元，形成了对接产业、联结园区、带动农民的集群发展态势。

4. 名牌企业与产品已具备一定的产业带动能力

隆尧县委县政府将发展现代农业摆上工作日程，农业增长方式由数量增长转向质量提高。隆尧县现代农业生产呈现出由自由发展向规模化、标准化方向发展，已建成大规模的今麦郎公司小麦生产基地，中规模的隆尧大葱无公害生产基地和滏东无公害蔬菜生产基地，隆尧大葱、泽畔莲藕分别实现了无公害蔬菜标准全程质量控制与管理和绿色食品标志使用权。品牌产品与产业化龙头企业的典型带动与辐射效应日益明显。截至目前，隆尧县已培育出1家国家级、5家省级、39家市级农业产业化龙头企业，农业产业化经营率达到74.71%；涌现出了3件中国驰名商标、2个中国名牌产品、42件河北省著名商标、5个河北省名牌产品，有26个农产品通过“三品一标”认证。

（三）隆尧产业发展重点

产业重点选择依据：一是充分发挥隆尧自身比较优势，进行资源综合开发和高效利用，努力实现农业多种功能作用最大化；二是结合隆尧现代农业发展战略目标，选择科技含量高、对县域经济带动性强的农业产业；三是重点产业纵向与横向比较，具有良好的经济效益、社会效益和生态效益，综合考虑投资性价比高。

基于上述因素考虑，隆尧现代农业发展规划需要重点谋划的产业包括：优质粮食 、优质蔬菜、畜禽标准化规模养殖、农产品精深加工、精品林果花卉、美丽乡村与休闲农业六大产业和生态环境保护建设工程。

1. 优质粮食产业

发挥全国商品粮基地县和全国粮食生产先进县的优势，重点发展专用小麦等优质粮食产业，高标准建设标准化粮食生产基地，满足今麦郎及全县人民群众对优质粮食的需求。

2. 优质蔬菜产业

立足全国蔬菜发展规划重点县的基础和京津冀协同发展国家战略实施的新机遇，优化蔬菜产业结构，在转变创新农业发展方式上寻求突破口，走出一条高产高效、产品安全、资源节约、循环利用、环境友好的现代农业发展道路，使隆尧县成为“京津石”绿色菜篮子生产与供应基地。

3. 畜禽标准化规模养殖产业

推广先进标准化环保养殖模式，发展生猪、肉鸡、蛋鸡、肉羊、奶牛、肉牛等具有特色的现代养殖业，建立现代畜牧养殖基地，提供安全、营养的养殖产品，同时为发展休闲旅游业提供丰富的美食。

4. 农产品精深加工产业

充分利用隆尧优质小麦、玉米核心产区的优势，延长种植、养殖和林果业初级农产品生产的链条，发展现代农产品精品加工业，强化农产品精深食品的研究与开发，延长产业链，增加现代农业附加值。通过加工领域的拓展及方便食品加工拉动县域经济发展。

5. 精品林果花卉产业

发展核桃、苹果、梨、绿化苗木、花卉等为主体的林果花卉产业，建立相应的现代精品林果花卉生产和服务体系，生产优质高效精品林果、林特产品和花卉，同时为发展休闲旅游业奠定基础。

6. 美丽乡村与休闲农业

结合美丽乡村建设工程，全力打造柏人文化园区、尧山旅游区、泜河生态涵养及综合开发、荷塘月色嘉年华，充分培育和利用隆尧品牌，挖掘隆尧历史文化底蕴，完善餐饮、住宿、娱乐、商贸等配套服务体系，不断提升服务档次和水平，打造别具特色的休闲农业与乡村旅游示范点，促进美丽乡村与现代农业协同发展。

7. 生态环境保护建设工程

隆尧县现代化农业发展建设必须始终坚持走生态之路，大力发展生态经济，不断优化生态环境，注重建设生态文化，着力完善体制机制，加快形成节约水资源和保护生态环境的产业结构、增长方式和消费模式。通过现代农业种植、标准化养殖、美丽乡村、休闲农业及国家森林城市建设等，充分利用生态农业、循环农业技术，减少农业生产过程中对环境的破坏，保护农业的生态环境。

二、产业空间总体布局

立足自然资源基础，开发和构建现代农业生产体系，紧密结合现代消费取向，遵循“突破重点产业、突出重点区域、突出农业多功能、突出生态优先”原则，构建隆尧现代农业发展空间布局。选择资源基础深厚、区位优势明显、有一定农业基础的产业作为重点突破；选择生态环境好、区位优势明显、农业产业基础条件好的区域作为重点，进行现代农业种植、养殖及其农产品生产加工、休闲旅游和美丽乡村建设，形成现代多功能农业发展集中展示平台。并且在保护生态环境的前提条件下，充分考虑到现代农业产业生产与美丽乡村建设及休闲旅游的需求，以交通干线为景观轴，现代农业园区及人文古迹为景观点，构建森林城市与休闲农业景观带，最大限度地谋求现代农业生产空间格局与优美自然生态环境的和谐统一。

根据隆尧县地理位置、自然资源特点、农业产业现状及发展潜力与主导产业选择依据和布局原则，将全县现代农业布局为“一核三带N园三板块”。“一核”即以东方食品城为一个核心；“三带”即构建赵辛线畜禽养殖带、泜河隆尧大葱产业带、宁鸡线设施蔬菜产业带三个现代农业产业带；“N园”即按照邢台市每个乡镇建设一个以上园区的工作部署，“十三五”期间隆尧县将通过东方现代农业园区、柏人休闲农业园区、千户现代农业园区重点的打造，推动各乡镇多（N）个现代农业园区的建设进程；“三板块”即西部林果经济板块、中部种养加统筹板块、东部农林牧复合板块。

（一）一核：东方食品城

1. 区域范围与功能定位

该区域位于莲子镇镇，交通方便，农产品加工企业集中。综合考虑未来东方食品城产业发展在国家食品工业中的地位和作用、对全省食品产业发展的影响和支撑作用、对周边地区的引领和带动作用等因素，确定“一核”东方食品城的功能定位是：秉承“加工业引领、一二三产业融合”的发展理念，立足园区实际，重点打造农产品加工产业，形成优势农产品加工产业集群，带动一、三产业同步发展，将园区最终建成全国农产品加工生产基地、省级乃至全国一流的现代农业示范园区。

2. 发展方向与建设重点

基于东方食品城的产业基础和特点，综合考虑国内外食品行业结构升级趋势、技术研发方向和产业集聚特点，确定东方食品城发展方向是：园区重点发展第二产业——农产品加工及物流配送产业，形成农产品加工产业集聚区；因地制宜地发展优势农产品种养的区域化布局和休闲农业观光产业，实现“二产+一产+三产”的融合发展，延伸农业产业链条，形成辐射本地、联通国内外的全国农业高新技术研究和交流中心、农业高科技产业孵化中心、现代农业科普教育基地、城郊农业生态旅游与休闲带。

核心：东方食品城建设重点是发展特色优势方便食品产业及其相关配套产业（包材产业、物流产业），扩大产业规模和品牌影响力，提升加工产业科技水平，促进相关产业发展壮大和建设相关产业基地；延伸产业链条，突出产业科技含量，走新型产业发展道路；逐步建设和扶持中小企业，培育孵化新的优势产业，形成具有强大市场竞争力的特色经济和区域产业链，走新都市现代农产品加工产业发展道路。

（二）三带：构建三大现代农业产业带

三带：指赵辛线畜禽养殖带和泜河隆尧大葱产业带、宁鸡线设施蔬菜产业带。

1. 赵辛线畜禽养殖带

（1）区域范围与功能定位。涉及尹村镇、山口镇、东良乡、北楼乡、隆尧镇五个乡镇。该区域位于赵辛线两侧，交通便利、基地集中，农户有畜禽养殖习惯和技术，适合发展畜牧产业。本区域定位为：区域布局更加合理，产业集群明显形成、产业追溯体系基本建成，逐渐打造成为京津石优质畜产品供应基地之一。

（2）发展方向与建设重点。隆尧畜牧业以稳定蛋鸡、调优奶牛、稳定生猪，加快发展肉禽，壮大发展肉牛羊等草食动物为发展主线，实现散养户逐步退出，向专业养殖、加工公司和龙头企业组织形式转变。重点建设三大基地：①生猪规模化养殖基地。依托正大、腾昇等龙头企业，大力发展生猪标准化、规模化养殖。②蛋鸡、肉鸡生态养殖基地。依托隆广、河牧养鸡场、瑞森牧业等企业，建立“公司+农户+品牌”的农业化经营方式，大力发展蛋鸡、肉鸡生态养殖，着力提高集约化、标准化、优质化水平。③生态奶牛、肉牛养殖基地。依托红山乳业、雨汐牧业等奶牛、肉羊养殖基地，推进生态牧场建设，加强基地建设和开发，实施无公害标准化规范建设，建设高质量、高水平的优质奶源、羊肉生产基地。

2. 隆尧大葱产业带

（1）区域范围与功能定位。在泜河两侧建设隆尧大葱产业带。该产业带范围涉及山口镇东尚、西尚、前苏、中苏、后苏和隆尧镇尧山、郭园、里村、官庄、北甫、韩庄、丘一、丘二、丘三等村，面积3万亩。将鸡腿大葱培育为全国名牌农产品，同时总结提出隆尧大葱新的生产标准和技术规程。

（2）发展方向与建设重点。隆尧大葱是隆尧特色产业，也是隆尧县地理标志产品，在全国享有较高声誉。重点做好种子提纯复壮，稳定大葱种植面积，大力发展大葱标准化生产，重点建设好蔬菜标准园。在尚村等地建设大葱交易市场，壮大经纪人队伍，畅通销售渠道，搞好储藏和加工，增加葱农效益和信心。

3. 设施蔬菜产业带

（1）区域范围与功能定位。在县域中部的固城镇、山口镇、隆尧镇和魏家庄镇四镇，沿宁鸡线两侧、纵贯南北建设优质高效设施蔬菜产业带。结合隆尧当前蔬菜生产实际，围绕实现蔬菜生产“三节一增”（节水、节肥、节药、增效）目标，积极推广和实施河北省提出的十项先进实用关键技术，提升隆尧设施蔬菜生产的能力与水平。

（2）发展方向与建设重点。“十三五”期间新发展设施蔬菜4 300亩，规划总面积达到1.54万亩，较2015年增加13个百分点。设施蔬菜产业带实现成方连片、进行大规模产业化、标准化生产，辐射带动全县设施蔬菜健康发展。

（三）N园：通过创建三个现代农业示范园区推动全县各乡镇多个现代农业园区发展

N园：即按照邢台市每个乡镇建设一个以上园区的工作部署，“十三五”期间将通过东方现代农业园区、柏人休闲农业园区、千户现代农业园区的重点打造，推动各乡镇多（N）个现代农业园区的建设进程。三个重点园区范围包括莲子镇镇23个村、牛家桥乡13个村和魏家庄镇4个村，千户营乡21个村，双碑乡17个村。

1. 隆尧东方现代农业园区

区域范围：隆尧东方现代农业园区以东方食品城为依托，南面和东面以隆尧和任县、巨鹿界限为界，西以莲子镇镇、牛桥乡和魏家庄镇、隆尧镇界限为界（魏家庄镇肖前、肖后、肖东、肖西四个村在园区范围），北以祁南线为界。园区规划面积15.2万亩，包括莲子镇镇23个行政村、牛桥乡13个村、魏家庄镇4

个村，共40个行政村。

园区定位：重点打造以东方食品城为核心的全国农产品加工产业集聚群，发展种、养和设施蔬菜等农产品原料供给基地，逐步建设美丽乡村和休闲农业带，实现园区一二三产业融合，将园区打造成省级乃至国家级农业产业化园区。

建设重点：园区整体建设分为核心区和辐射带动区，空间布局围绕“一城二区一带一环”进行建设。核心区是“一城”东方食品城，利用食品城内农产品加工企业多、规模大、科技含量高等优势重点发展农产品加工产业。辐射带动区的空间布局是“二区一带一环”：其中，“二区”就是在宁西线两侧的优质小麦产业区和滨河路西段两侧的标准化蔬菜产业区；“一带”指的是小漳河两侧（500米以外）的畜禽养殖产业带；“一环”是东方食品城北侧的10千米循环水系。辐射带动区通过农产品生产基地和美丽乡村及休闲农业建设，为农产品加工产业提供标准优质原料和打造良好的园区生态环境。

2. 千户现代农业园区

区域范围：园区规划范围为隆尧县千户营乡全境21个行政村，地处黑龙港流域，北接宁晋县、南靠南郝线（S327）、西为大张庄、东邻巨鹿县。园区占地面积11.70万亩，其中耕地9.55万亩。

园区定位：以推进现代农业增效、农民增收、农村发展为目标，以培育壮大龙头企业、完善带动农户的组织制度和利益联结机制为核心，以科技创新和机制改革为动力，重点打造绿色精品蔬菜、高效优质畜禽两条产业链条，将园区建设成布局合理、功能明确、景观优美、特色鲜明、产业竞争力强，以蔬菜、肉蛋等优质农产品生产为主的主导产业带动型、高新技术引导型、体制机制创新驱动型省级现代农业示范园。

建设重点：园区整体划分为核心规划区和辐射带动区，其中核心规划区重点建设“一区一带”，即东千线两侧的设施蔬菜种植区和沿小漳河东侧（500米以外）的优质畜禽养殖带；辐射带动区重点建设“两区”，即滏阳河两侧的露地蔬菜种植区和赵家庄村北的产地交易物流示范区。

3. 柏人休闲农业园区

区域范围：该园区规划包含整个双碑乡。园区位于隆尧县西部，北部与尹村镇以泜河为界，南部接东良乡，西邻内丘县。总面积5.5万亩，人口3.16万人，耕地面积4.1万亩，人均耕地1.3亩，辖17个行政村。

园区定位：充分挖掘李昙家族墓群、柏人城遗址两大历史文化资源内涵，弘扬隆尧李氏文化，将园区打造成为集文化旅游、休闲观光、生态体验等多功能于一体，多产业集聚发展的“宜游、宜农、宜居”复合型生态农业休闲体验区，使园区成为河北休闲农业和文化旅游重要节点。开展文化产业、旅游产业与农业相结合之路的有益探索，实现经济效益和生态效益双丰收，辐射带动周边现代农业的发展。

建设重点：柏人休闲农业园区未来将形成“一带两环”的产业布局。“一带”：指生态农业观光带，依托红沙峪特色示范园区、腾凤农业科技园、立雄家庭农场、如山苗圃四家现代农业示范点，通过以点带面，形成板块发展联动效应。“两环”：即环柏人城遗址、李昙家族墓群为中心的美丽乡村与历史文化旅游创意走廊，以柏人城遗址、李昙家族墓群为中心，向外辐射周边行政村，形成两个相交圆，建设休闲观光走廊，实现文化与农业的有机结合。

（四）三板块：自西向东构成林果花卉、种养加、农林牧空间格局

三大板块：即西部林果花卉经济板块、中部种养加统筹板块、东部农林牧复合板块。

1. 西部林果花卉经济板块

（1）区域范围与功能定位。主要包括尹村镇、双碑乡、东良乡、山口镇四个乡镇的丘陵区、尧山区、矿区塌陷区、地下水超采区，该地区土壤质量差，地下水位深。在加强土地整理和中低产田改造基础上，调整该地区农业生产结构，大力发展林果种植。

（2）发展方向与建设重点。重点发展核桃、苹果、梨、设施果品、绿化苗圃花卉等产业，着手发展隆尧品牌化特色农业，逐步形成果品苗圃花卉产业区域化、精品化、品牌化和产销一体化的新格局。

2. 中部种养加统筹板块

（1）区域范围与功能定位。该板块位于滏阳河西部的平原区，大力发展粮食作物、经济作物、饲草种植、畜禽养殖、食品加工，实现“种养加”统筹、一二三产业融合、产业进档升级。

（2）发展方向与建设重点。重点建设农田水利基础设施、高标准粮田，推广节水耐旱品种和病虫害综合防治，实施现代农艺措施，提高粮食单产水平。同时推进市场适销对路的经济作物与饲草（料）种植，通过种草养畜扩大草食畜禽生产，积极发展食品加工产业，通过延长产业链条联结种养加，实现一二三产业的有机融合。

3. 东部农林牧复合板块

（1）区域范围与功能定位。包括滏阳河以东的牛桥乡、千户营乡、莲子镇镇三个乡镇的部分村。打造京津石特色“菜篮子”“果盘子”，以及河北南部农产品贸易物流中心。

（2）发展方向与建设重点。在牛桥乡要依托梅庄国红苹果基地、北杨楼玉露香梨基地等大力发展林果生产，积极开展基地认定和产品认证工作，建设农林产品批发市场和冷藏设施。在小漳河两侧发展畜禽养殖。在千户营乡积极发展万亩露地菜生产基地，和石家庄、北京市场搞好对接。

三、主要任务

（一）加强农业基础设施建设，着力提高农业综合生产能力

加快中低产田改造，实施沃土工程和生态治理工程。积极主动争取中央和省对农业综合开发、中低产田改造、标准粮田建设、农产品质量检测、沃土培肥工程、种子工程等重点项目资金投入。同时进一步落实好商品粮能力建设工程，积极实施项目与科技有效对接，开展优粮工程、种子工程、植保工程、沃土工程“四大工程”，立足重点区域，突出重点品种，加快推动标准化生产基地建设，着力提高农业综合生产能力。

（二）加快产业结构调整，构建六大主导产业与优势产品

按照突出重点、优先推进优势农畜产品生产的原则，着力扩大主导产业经营规模。立足资源禀赋，以市场为导向，以效益为中心，加快农业产业结构调整、生产经营及农业增长方式的转变，围绕粮食、蔬菜、林果、畜禽、加工、休闲农

业六大主导产业，建设优质粮食、蔬菜、林果、畜产品生产和农产品精深加工、休闲农业等现代农业产业基地，推进农产品集约化、设施化生产，打造现代农业产业园区和示范基地。

（三）实施全产业链条式开发，着力提升农业产业化经营能力

实施全产业链条式开发，把农业标准和农产品质量标准全面引入到农业生产加工、流通的全过程，创出品牌，有效拉长农业产业链条，增加农业附加值，使农业的整体效益得到显著提高。加快龙头企业与农业优势产业对接，完善龙头企业与农户利益联结机制。通过农业产业化经营组织与农民建立利益联结机制，把分散经营的农户联合起来，把农业生产、加工、销售环节联结起来，使参与产业化经营的农民不但从种、养业中获利，还可分享加工、销售环节的利润，增加收入。从而创造更多的就业岗位，转移农村剩余劳力，增加农民的非农业收入，有效提升农业产业化经营能力。

（四）强化农业生产技术规范，健全农畜产品质量安全监管体系

积极开展蔬菜标准园、畜禽养殖标准示范场创建活动，建立农产品标准化生产技术规程体系。支持龙头企业、农民专业合作组织和种养大户率先实行标准化生产，指导农民切实按照生产技术规程进行生产管理。围绕农产品生产基地建设，重点抓好产地环境监控、投入品监管、技术规范制定、市场准入等关键环节，全面加强隆尧县农产品质量安全监管体系建设。进一步整合资源，建立健全乡镇检测站和乡镇监管机构，完善检测手段，提高农畜产品质量检测和监管能力。

（五）重视品牌培育及市场推广，构建农产品市场流通体系

加强无公害农产品、绿色食品、有机食品、农产品地理标志的申请与认证工作，重视农产品品牌的培育和推广，打造一流产品、一流品牌、一流企业，提高隆尧县农产品品牌在国内、国际市场上的竞争力。以农产品品牌市场体系建设为中心，通过重点建设隆尧县农产品网络交易平台、大型农产品批发市场等基础设施，打造智慧化的市场流通体系，开拓市场空间，促进隆尧县现代农业的快速

发展。

（六）加大新型农民培训力度，不断创新科技支农模式

建设农业技术培训中心、农业科技示范园区，以培训中心和示范园区为培训平台，对农业科技示范园区从业者进行重点培训，使其成为有知识、有能力、懂技术、会经营、致富快的新型农民。建立健全县、乡（镇）、村三级农民田间学校，培训农作物高产高效栽培、农业机械化、无公害安全生产、重大病虫草害防治、高效集约化设施种植、畜禽良种繁育及饲养管理、畜禽重大疫病防控、农畜产品加工等先进实用技术，切实提高科技普及率和推广率。

（七）加强地下漏斗区生态保护，着力提高农业可持续发展能力

随着人口的增长，土地垦殖率、土壤利用强度和地下水开采强度的增加，水资源紧缺与耕地土壤退化现象日益严重，综合生产能力下降。因而，加强土地退化修复和生态保护是提高农业可持续发展能力的根本保证。一是加强对耕地资源的管理和保护。要建立合理的耕作制度，推广保护性耕作，采取免耕、少耕和地面覆盖、秸秆还田、增施有机肥等措施恢复地力。二是加强水土保持。采取生物措施和工程措施，加强水利基础设施建设，有计划地开采地下水，提高综合治理与开发水平。大力推广节水灌溉技术，采取喷灌、滴灌、微灌等节水灌溉技术，提高水资源的利用率。三是在自然环境和社会环境上加以控制。合理规划土地利用方式，营造农田防护林，保护生态。四是大力实施基本农田整理工程。重点放在对现有农田的挖潜改造上，结合基本农田建设、移民建镇等措施，实施田、水、路、林、村综合整理，完善农田基础配套设施，全面提高农田质量和土地集约化利用水平。

第五章　重点产业建设项目

一、优质粮食产业

（一）现状与问题

1. 生产现状

河北是全国粮食大省，隆尧县则是河北省粮食主产区，也是全国粮食生产大县，还是全国重要的商品粮基地县。2015 年粮食播种面积 114.5 万亩，总产量 52.4 万吨。其中，小麦面积 58.3 万亩、产量 27.6 万吨，玉米面积 50.1 万亩、产量 23.0 万吨，大豆面积 2.9 万亩、产量6 826吨。隆尧县粮食生产较多的乡镇主要集中于县域中偏东北的几大乡镇（表 5-1）。

表 5-1　2015 年隆尧县粮食生产分布

区域	粮食面积（亩）	粮食产量（吨）	小麦面积（亩）	小麦产量（吨）	玉米面积（亩）	玉米产量（吨）	大豆面积（亩）	大豆产量（吨）
隆尧县	1 145 130	523 517	583 005	275 641	500 655	229 699	29 055	6 826
隆尧镇	115 140	52 757	61 050	28 653	50 370	22 982	2 325	538
魏家庄镇	57 555	25 696	31 710	14 866	18 450	8 415	3 210	825
尹村镇	89 520	40 272	44 550	20 980	39 330	17 929	5 040	1 189
山口镇	73 620	34 126	41 100	19 410	31 170	14 349	30	5

（续表）

区域	粮食面积（亩）	粮食产量（吨）	小麦面积（亩）	小麦产量（吨）	玉米面积（亩）	玉米产量（吨）	大豆面积（亩）	大豆产量（吨）
莲子镇镇	97 740	44 142	49 050	22 930	42 150	19 221	4 110	1 170
固城镇	129 540	60 937	63 990	30 679	64 650	30 037	900	203
北楼乡	65 985	29 529	33 000	15 515	25 440	11 601	3 495	766
东良乡	107 400	49 298	54 600	26 190	41 100	19 010	3 450	694
双碑乡	56 370	26 092	25 200	12 114	25 275	11 536	2 805	610
牛家桥乡	79 200	36 565	40 050	19 068	35 520	16 195	1 305	303
千户营乡	122 310	54 786	59 985	28 571	55 365	24 870	2 190	493
大张庄乡	108 030	49 933	57 360	26 960	50 475	22 943	195	30
唐庄农场	22 200	9 713	11 100	4 990	11 100	5 550		
柳行农场	20 010	9 438	10 005	4 600	10 005	4 936		
良种场	510	233	255	115	255	125		

注：资料来源于隆尧县统计资料，县统计局提供

2. 存在问题

近十余年来，国家高度重视粮食生产，加大了对粮食生产的补贴力度。各项惠农政策的落实，惠农项目的推广，新技术、新品种的引进，使隆尧县粮食种植面积和产量保持了相对稳定。但是隆尧县在粮食生产上仍存在着一些问题。

（1）农民种粮积极性难持续，显现后劲不足。目前，农民种田不但不需要上缴任何税费，而且国家还会给予农民各种补贴，在一定程度上调动了农民种田积极性。随着粮食直补、良种补贴、农机补贴、粮食价格上涨等因素的影响，农民种粮的积极性虽然有所提高，但同时也存在着农民种粮积极性后劲不足的问题。主要有两方面原因：一是种粮效益低下；二是化肥、农药、燃油等生产资料

价格上涨。2015 年 12 月，全国新玉米收购价整体下滑，平均每斤（1 斤 = 0.5 千克，全书同）仅 0.882 元。

（2）有能力的年轻人多进城务工，粮食生产劳动力短缺。粮食种植生产周期长，获益慢，而务工经济收入见效快，致使有知识、有技术、思维灵活、年富力强的青壮年纷纷进入城市或工厂就业。从事粮食种植的老年人和妇女，文化程度总体偏低，思想保守，技术水平偏低。随着老龄化时代的到来，以及自然减员、疾病等多方面因素影响，务农劳动力呈现出快速下降趋势，农村用工越来越贵，越来越难。

（3）土地分散与流转不畅，影响了粮食生产的规模效益。一是农民惜土思想较重，很多农民不敢轻易放弃或转让手中的土地；二是一些群众对土地经营权流转缺乏必要的认识，存在一定的疑虑，有的认为目前土地流转时机还未成熟，有的认为土地经营权流转政策性强，涉及面广，关系到农民的根本利益，流转不好怕引发社会矛盾，影响社会稳定；三是城市化的不断推进，对农民承包地征用政策比较优越，农民看到了土地的潜在效益。

（4）水资源短缺与地下水限采，对粮食生产的影响日益突出。目前，隆尧县生产生活用水主要靠开采地下水。按照《2015 年度隆尧县地下水超采综合治理试点调整农业种植结构和农艺节水项目实施方案》，2015 年共实施农艺节水项目 27.378 万亩，实现地下水压采 1 395万立方米。隆尧县是省政府确定的地下水超采综合治理试点县，农艺节水关系全县经济社会发展大局，粮食生产用水限量是必然趋势。

（二）发展思路与目标

1. 发展思路

河北是全国小麦优势产区核心区，隆尧作为华北百亿斤粮食生产大市邢台的粮食生产基地之一，是名副其实的粮食增产计划核心生产区。在建设全省现代农业示范区过程中，粮食产业要坚持以农业增效、农民增收为目标，继续优化提升全县粮食现代化发展整体水平和市场竞争力；加快小麦高产技术集成与推广，提高单产，优化品种结构，优化粮食品质；进一步加大粮田基础设施投入，加强全县粮食生产能力建设，以保障国家粮食安全做出应有贡献。

结合《邢台市现代农业发展规划》的实施，以加工型、市场型企业为产业化龙头，发挥农业特色资源优势，形成以优质小麦为主导的优势粮食产业。以创建全省现代农业示范区为契机，全力打造我国华北地区名优粮食品牌高地，力争在规划期内，使隆尧县小麦生产及其食品加工成为河北省乃至全国的现代化生产示范样板，并将其建成冀南粮食物流与市场交易中心。

2. 发展目标

（1）总体目标。围绕维护国家粮食安全，增强农业综合生产能力，大力实施粮食优质工程，积极开展粮食高产创建活动，挖掘新增粮食产能潜力，建立粮食增产稳产的长效机制，提高粮食综合生产能力，优化粮食生产布局，调整种植品种结构，推广优质高产粮食品种，稳定小麦生产能力，适度发展薯类杂粮作物；推广粮食作物与经济作物和饲料作物间作、套种的高效种植模式，提高单位土地面积粮食产量。按照基础设施标准化、耕地质量优质化、农业服务专业化和高产技术普及化的要求，做好国家级万亩高产示范片创建工作，抓好小麦生产核心区建设，使隆尧县核心区域的小麦、玉米连片区实现吨粮田目标。延伸粮食产业链条，加大小麦加工业发展力度；以“小麦、玉米”为主，发展高产、优质、高效的粮食生产区，打造成为华北地区重要的优质粮食产区。

（2）具体目标。截至2020年，粮食播种面积稳定在94.64万亩，亩产量500千克，总产量47.32万吨左右，本地小麦供给今麦郎的小麦数量占全县产量的70%左右；良种覆盖率达到98%以上，农业科技进步贡献率达到65%；粮食加工转换率提高到80%左右；土地集约化率达到40%，机械化综合作业水平 80 %以上。全面建立质量追溯体系，实现标准化与组织化生产；粮食产品品牌化程度提高，“三品一标”产品比2015年增加15~20个，土壤有机质含量提高0.5%。

（三）重点建设内容与产业布局

以提高粮食综合生产能力、建设省级现代农业示范区为中心，以农业基础设施建设和良种良法集成技术推广应用为突破口，突出隆尧县中部现代粮食产业核心区建设。主要包括中东北部地区的固城镇、千户营乡、隆尧镇、大张庄乡、山口镇、魏家庄镇、北楼乡等乡镇。建设重点是加强农田水利基础设施和旱作节水高标准农田建设，提高农机装备和作业水平，优化粮经饲种植结构，提高单产水平，减少病虫害损失，规模生产提高经营效益，以确保粮食安全。

1. 小麦良种繁育基地建设

建设规模：在小麦集中产区分别建成田间基础设施齐备、农业机械配套、服务体系健全、规模集中的现代化良种繁育基地两个，面积每个1万亩以上。配套种子加工检验检测设备，保障小麦生产用种。同时，积极与育种单位协调合作，引进优质小麦良种在繁育基地试种成功后再逐步推广。

建设内容：

◇优质小麦良种繁育基地建设。配备小麦育种设施和种子检验检测加工设备等。

◇种子质量检测中心建设。配备种子检验检测设备等。设备购置主要包括育苗设施、栽培运输设备、快速检测设备的购置等。

投资：3 920万元。

项目布局：唐庄农场、柳行农场。

2. 小麦（玉米）高产高效示范基地建设

建设规模：在粮食主产乡镇建设小麦（玉米）高效增产示范基地10万亩。通过市场化运作，构建“公司+农户+基地”即从种植—加工的订单式农业生产模式，建立较为严格的产前、产中、产后全产业链质量标准控制体系。

建设内容：建设田间设施齐备、农业机械配套、服务体系健全，区域化、规模化的高产增效绿色安全粮食生产基地，配备机械播种、收获、仓储、收获等设备和设施，生产绿色优质小麦/玉米，创造较高的经济效益，实现可持续发展。

投资：9 000万元。

项目布局：固城镇、山口镇、北楼乡、千户营乡、东良乡、魏家庄镇等50个村。

3. 方便食品专用小麦生产基地建设

建设规模：以优质方便食品专用小麦种植和高产栽培配套技术推广为重点，推广高产优质节水品种，推行绿色增产模式，减少化肥农药使用，推广专用小麦面积30万亩。

建设内容：依托小麦生产加工企业，以加工型、市场型企业“今麦郎”为龙头，采取“公司+农户+基地”即从种植—加工的订单式农业生产模式，对签约农户实行统一供种、统一供肥、统一种植制度、统一田间管理和统一收购等“五统一”管理，配备机械播种、收获、仓储等设备和设施。

投资：9 800万元。

项目布局：12 个乡镇。

4. 十万亩天然富硒小麦生产基地

建设规模：在隆尧县硒元素富集区，建设 10 万～15 万亩的天然富硒小麦生产基地。

建设内容：固城镇、张庄乡、东良乡、北楼乡部分区域表层土壤硒元素含量平均为 0.39 毫克/千克，是全省的 2.5 倍，小麦籽粒硒平均含量为 0.138 毫克/千克，是其他区域的 3 倍。通过把分散农户组织起来，实行标准化生产，注册商标树品牌，申请富硒小麦证书，搞产业化经营，提升粮食品质，增加农民受益。

投资：4 800万元。

项目布局：固城镇、张庄乡、东良乡、北楼乡部分村。

5. 农田水利基础设施标准化建设

建设规模：结合小型农田水利建设和地下水超采综合治理项目，围绕解决干旱缺水、水土保持、节约用水、生态保护等工作，加大机井改造，增加节水灌溉面积 10 万亩，其中喷灌、管灌各 4 万亩，在西部乡镇岗坡地完成以微灌为主的节水灌溉面积 2 万亩。加快推进小型农田水利、东边三条河道塘坝除险加固，基本实现农田灌溉渠道与供水灌区渠道相连，80%以上的耕地实现节水灌溉。

建设内容：南水北调水资源配置配套工程新建分水口，同时开挖衬砌输水渠道，安装低压防渗输水管道 250 万米，主要渠系建筑物配套等；地下水灌溉提供水源的，更新改造机井 600 眼，设计建成防渗干渠，以有效缓解县域的缺水问题；灌区续建配套与节水改造工程，工程衬砌渠道。

投资：12 500万元。

项目布局：固城镇、隆尧镇等 7 个乡镇的 20 个村。

6. 农业机械化推进项目

建设规模：农业机械化是农业现代化的重要标志。粮食面积大的乡镇为中心区域逐步实现小麦全程机械化，充分利用农机购置补贴政策等有利时机，提高农机装备综合水平，建设农业机械化示范区。在小麦、玉米种植优势区逐步实现生产全程机械化作业示范面积各 10 万亩；推广玉米联合收割、脱粒、秸秆直接粉碎还田机械，深松整地面积达到全县小麦/玉米种植面积的 50%。引导农机专业服务组织发展，每个乡镇扶持建设 1 个农机专业合作社。

建设内容：

◇小麦生产全程机械化示范区。购置播种、收割等机械。配套小麦浸润灌溉、喷灌、微灌等节水灌溉技术设备。

◇玉米生产全程机械化示范项目。购置播种、中耕、收获以及秸秆直接粉碎还田机械。配备滴灌等玉米节水灌溉技术设备。

◇深松整地、增加土壤蓄水蓄肥能力示范项目。购置深松机械，疏松土壤，打破犁底层，以达到增强雨水入渗速度和数量，减少径流和蒸发，增加粮食产量。

投资：4 800万元。

项目布局：全县 12 个乡镇 32 个重点村。

（四）投资和经济效益估算

1. 投资概算

隆尧县粮食产业工程投资概算如表 5-2 所示。预计总投资42 820万元，资金来源以企业投资等社会资金为主，政策性扶持为辅。其中，小麦良种繁育基地建设投资1 920万元，小麦/玉米高产高效示范基地建设投资9 000万元，方便食品专用小麦基地建设投资9 800万元，十万亩天然富硒小麦生产基地建设投资4 800万元，农田水利基础设施标准化建设投资12 500万元，农业机械化推进工程投资4 800万元（表 5-2）。

表 5-2　2016—2020 年优质粮食产业投资概算汇总表　单位：万元

序号	项　目	2016 年	2017 年	2018 年	2019 年	2020 年	总投资
1	小麦良种繁育基地建设	480	480	480	480		1 920
2	小麦/玉米高产高效示范基地建设	1 800	1 800	1 800	1 800	1 800	9 000
3	方便食品专用小麦生产基地建设	1 960	1 960	1 960	1 960	1 960	9 800

（续表）

序号	项 目	2016 年	2017 年	2018 年	2019 年	2020 年	总投资
4	十万亩天然富硒小麦生产基地	960	960	960	960	960	4 800
5	农田水利基础设施标准化建设	2 500	2 500	2 500	2 500	2 500	12 500
6	农业机械化推进工程	960	960	960	960	960	4 800
	合 计	8 660	8 660	8 660	8 660	8 180	42 820

2. 经济效益估算

隆尧县粮食产业工程经济效益估算如表 5-3 所示，预计到 2020 年每年可产生经济效益38 900万元，到 2025 年每年可产生经济效益43 200万元（表 5-3）。

表 5-3 优质粮食产业经济效益估算 单位：万元

序号	项 目	2020 年	2025 年
1	小麦良种繁育基地建设	2 800	3 000
2	小麦/玉米高产高效示范基地建设	10 100	11 200
3	方便食品专用小麦基生产地建设	9 700	10 200
4	十万亩天然富硒小麦生产基地建设	6 000	7 500
5	农田水利基础设施标准化建设	5 000	5 500
6	农业机械化推进工程	5 300	5 800
	合 计	38 900	43 200

3. 社会效益与生态效益

规划推行“龙头+基地+农户”的经营模式，倡导粮食产业规模经营，大力试验示范推广优良品种、高效农艺和节水技术，要求粮食作物统一进行病虫害绿色防治。规划实施预期可获得明显的经济效益、社会效益和生态效益。

稳定粮食生产有效支持国家粮食安全战略，隆尧县连续三年被评为全国粮食生产先进县，为我国的粮食安全做出重要贡献。节水农业发展践行了河北地下水限采号召，绿色防控技术将农田亩用药次数减少，用药量及成本减少，有利于农民收入提高。高毒高残留农药得到有效禁用，大大提高了农产品质量的安全性，减少了农业环境污染。

二、优质蔬菜产业

（一）现状与问题

1. 蔬菜生产现状

据河北省统计局发布的最新调查数据显示（表5-4）：2015年全省蔬菜播种面积1 855.5万亩，比上年增长1.4%；蔬菜总产量首次突破8 000万吨，达到8 125.7万吨，比上年增长2.8%。全省设施蔬菜总面积达到600万亩，比上年增长4.2%；占蔬菜总播种面积的32.3%，产量达到2 677.4万吨，增长3.6%；占全部蔬菜总产量的32.9%；蔬菜收入占农民人均纯收入的比重达到25%。

隆尧县是全国蔬菜产业发展规划的重点县，传统蔬菜产业发展迅速，是设施蔬菜和夏秋露地蔬菜生产的重点区域，特产隆尧大葱驰名省内外。2015年全县蔬菜种植面积13.705 5万亩，总产66.69万吨，产值9.62亿元；其中，设施蔬菜面积2.7万亩，占蔬菜播种面积的19.1%；日光温室、大棚蔬菜面积0.512 5万亩，占设施蔬菜总面积的18.98%，其他简易设施面积2.187 5万亩；露地蔬菜11.005 5万亩。

全县大力推广蔬菜新品种、配方施肥、统防统治、绿色防控、水肥一体化与节水灌溉等实用新技术达26项，确保蔬菜产业健康稳定的向前发展。目前，经过认定的蔬菜基地5.15万亩，占蔬菜播种面积的37.2%；怡东农牧有限公司、邢台市金田源种植专业合作社等11家单位的26个蔬菜品种通过了“三品一标”认证。常年蔬菜抽检样品500个左右，合格率达到98%以上，确保了全县蔬菜产品的质量安全。

2. 蔬菜生产存在问题

一是优势农产品基地规模小，标准化生产水平低，设施农业发展不快，产业化程度不高；二是蔬菜产业发展与县域加工龙头企业沟通不够，联系不紧、结合不强，蔬菜产销脱节，供求不见面，蔬菜初加工及精深加工滞后，与东方食品城的需求对接不紧，未能充分利用加工龙头企业、入驻公司的资金技术与市场优势

表 5-4　2015 年隆尧县蔬菜生产情况

乡镇名称	蔬菜播种面积（亩）	蔬菜总产量（吨）	露地蔬菜面积（亩）	设施蔬菜面积（亩）	其中			主要分布村	产量与产值水平			
					温室（吨）	大棚（吨）	其他（吨）		栽培方式	产量（千克/亩）	产值（元/亩）	主要蔬菜种类
隆尧镇	23 715	120 802	21 460	2 255	118	290	1 847	丘底、杨河、显化寺、尧南关				
魏家庄镇	14 625	77 855	12 008	2 617	167	490	1 960	西庄头、魏家庄村、肖庄	露地栽培	5 000	4 700	大葱、香菜、秋甘蓝、冬瓜
北楼乡	6 210	32 993	5 150	1 060	—	150	910	—				
东良乡	19 050	87 643	16 700	2 350	—	290	2 060	泽畔、安中				
双碑乡	6 750	32 397	4 830	1 920	107	426	1 387	西良、崔庄	温室栽培	10 000	30 000	番茄、黄瓜
尹村镇	7 410	34 195	4 600	2 810	172	315	2 323	大宁铺、屯里				
山口镇	14 250	73 289	11 000	3 250	121	137	2 992	东尚、苏薛、后枣林庄				
牛桥乡	10 830	54 107	10 000	830	164	240	426	马头、大兴庄、北吴疃、旧城	大棚栽培	6 500	11 300	番茄、青椒
莲子镇镇	66 60	27 400	4 667	1 993	—	323	1 670	西哈口、任村				
千户营乡	11 850	50 776	9 040	2 810	167	316	2 327	东毛尔寨、杜家庄、唐庄				
大张庄乡	5 700	29 114	3 700	2 000	—	188	1 812	南王庄	其他（中小拱棚、传统设施）	3 500	5 250	西瓜、西葫芦
固城镇	10 005	46 384	6 900	3 105	114	830	2 161	小孟、固城、火连庄				
合计	137 055	666 900	110 055	27 000	1 130	3 995	21 875	—	—	—	—	—

注释：数据来源：隆尧县农业局

发展现代农业；三是农产品品牌意识差，农产品认证数量少，“三品一标”重认证轻监管，市场认知度及品牌知名度不高，蔬菜产品市场竞争力不强，占有率不高；四是农业经营主体组织化程度低，蔬菜生产合作社组织不健全，运行机制不完善，未能充分发挥其产前、产中、产后的服务功能、市场信息与技术交流功能，抵御市场风险能力差；五是设施基础建设薄弱，现代农业生产设施建设滞后，效益提高缓慢，难以抵御频繁发生的自然灾害。

（二）发展思路与目标

1. 发展思路

围绕京津冀协同发展战略部署和《京津冀现代农业协同发展规划（2016—2020 年）》的任务目标，主动适应经济发展新常态，实施以“提质增效为核心，优粮、增蔬、扩林、培养、强加”的总体思路。积极稳步扩大蔬菜面积，转变发展方式，增加单产、提质增效、保质安全，实现蔬菜产业跨越式发展；特别注重发展蔬菜合作社、经济组织和公司企业，根据东方食品城对蔬菜产品需求，加大产销衔接力度，有针对性的发展加工脱水蔬菜、初加工精深加工蔬菜、保鲜速冻蔬菜及时令新鲜蔬菜，提高其市场占有率；积极扩大设施蔬菜面积，推进蔬菜产品提质增效工程、产品安全质量提升工程。

未来 10 年，生产将从注重产量提高，向保障均衡供给与提质增效并重方向加快发展，加速蔬菜机械化工程建设，推进蔬菜产销对接工程；大力发展现代农业、传统特色蔬菜产业、观光采摘农业和绿色有机农业，走出一条高产高效、产品安全、资源节约、循环利用、环境友好的现代蔬菜产业发展道路，使隆尧县成为京津石绿色菜篮子生产与供应基地，实现农业增效，农民增收，农产品竞争力增强的可持续发展目标。

2. 规划目标

（1）总体目标。总体目标和任务是：成为京津石绿色菜篮子生产与供应基地。积极推动蔬菜产业升级，加速推进隆尧县蔬菜产业化、标准化、现代化进程。加强领导，转变政府职能，集中力量，整合资源，广开资金来源，提升优化隆尧县蔬菜设施结构与栽培技术水平，积极完成蔬菜产业发展任务。

到“十三五”末的 2020 年，蔬菜播种面积达 20.8 万亩，较 2015 年增加

7. 1 万亩，增长 51. 8%；蔬菜总产达到 92. 33 万吨，比 2015 年增加 25. 63 万吨，增长 38. 4%；设施蔬菜新增 1. 5 万亩，总面积发展到 4. 2 万亩，占蔬菜播种面积的 20. 2%；预计产值达到129 600万元。

（2）具体目标。建设工厂化优质蔬菜种苗繁育中心；建设传统特色“隆尧大葱”基地 3 万亩；建设高效设施蔬菜基地 4. 2 万亩；发展优势传统特色露地蔬菜基地12. 7 万亩；试验示范高档鲜食玉米1 000亩；发展适宜加工脱水蔬菜7 000亩；发展“泽畔藕”基地1 000亩；完成“老旧危”塑料棚室的改造提升工程。

（3）各乡镇 2020 年主要发展指标（表 5-5）。

表 5-5　隆尧县各乡镇主要发展指标

序号	乡镇名称	2015 年蔬菜播种面积（亩）	2020 年蔬菜面积（亩）	2020 年蔬菜产量（吨）	2020 年设施蔬菜面积（亩）	预计产值（万元）
1	隆尧镇	23 715	28 380	127 700	2 920	15 190
2	魏家庄镇	14 625	19 100	76 900	3 620	11 410
3	北楼乡	6 210	10 100	45 500	1 370	5 660
4	东良乡	19 050	25 150	113 200	3 250	13 940
5	双碑乡	6 750	7 250	31 630	2 420	5 080
6	尹村镇	7 410	10 370	46 670	3 640	7 400
7	山口镇	14 250	18 670	84 000	4 210	11 700
8	牛家桥	10 830	14 190	63 860	1 180	7 400
9	莲子镇镇	6 660	8 720	39 240	2 580	5 890
10	千户营乡	11 850	45 000	202 000	10 000	31 550
11	大张庄乡	5 700	7 470	33 600	2 590	5 320
12	固城镇	10 005	13 100	58 950	4 220	9 090
	合计	137 055	208 000	923 300	42 000	129 600

注：产值不含蔬菜物流中心、农机试验站、育苗中心等产值 2 000 万元

（三）重点建设内容与产业布局

依据隆尧县蔬菜产业发展现状，资源环境、技术经验基础和发展潜力，提出“一心二带三基地三工程”的蔬菜产业发展布局，即：“1233 蔬菜产业建设工

程”。

1. 优质蔬菜种苗繁育中心

建设现代工厂化、集约化蔬菜种苗中心，是蔬菜产业现代化的重要标志之一。我国山东、上海、江浙、京津冀地区等都建设有一批工厂化蔬菜育苗中心，使蔬菜种苗生产由一家一户个体生产走向大规模、标准化、产业化的育苗道路，实现蔬菜种苗商品化和集约化生产。通过农户与育苗中心签订的供苗合同，能够按时、按量、按质向种菜农户提供优质蔬菜种苗，供苗半径可以达到 30 千米以上。工厂化育苗能够充分发挥其节省劳动力、规避育苗风险、保障不误农时、降低育苗成本、提高土地利用率、延长前茬作物生长期等多种优势，是传统蔬菜向现代蔬菜产业发展的基础。

建设规模：建设年产量5 000万株蔬菜优质种苗生产中心，占地面积 60 亩，重点培育瓜类、茄果类、甘蓝类等蔬菜优质种苗，满足 3 万亩设施蔬菜及部分露地蔬菜对蔬菜种苗的需求，结束蔬菜种苗需要外购的历史，实现蔬菜种苗自给化。

建设内容：建设两栋智能温室计8 000平方米（每栋4 000平方米），8 亩钢架大棚及 10 亩育苗大棚，育苗总面积 40 亩；育苗中心建设播种车间、催芽绿化室、库房；水、电、路网建设配套，购置自动化播种机、育苗基质，育苗盘、穴盘、多功能园艺机械、嫁接机，购置运输车辆 2 部及培训展示与生活设施等；全年按 2~3 次育苗计算，生产优质苗5 000万株，可以保障 3.0 万亩设施蔬菜对种苗的需求，通过订单销售。

项目布局：在隆尧县区位居中、交通便捷，育苗基础较好的隆尧镇。

2. 特色隆尧大葱产业带

建设规模：在县域西北部泜河两岸河谷地区建设隆尧大葱产业带，建设规模达到 3 万亩。提高产品质量，壮大营销队伍，拓宽销售渠道，增加产品竞争力和市场占有率，把“隆尧大葱”产业做大做强。

建设内容：产业带研究开发重点：一是做好传统品种的提纯复壮及新品种引进与试验示范；二是试验研究“隆尧大葱”优质高产规范化栽培技术，普及推广，不断提高栽培技术水平；三是试验示范大葱加工贮藏保鲜、商品化增值技术，提高采后加工销售过程中的整体效益；四是建设和培育大葱产前、产中、产后科技服务与销售队伍，推进“隆尧大葱”标准化种植、产业化生产、工厂化加工、品牌化销售系统的建设；五是稳定大葱种植面积，建设好隆尧大葱标准示范园。

项目布局：布局于山口镇、隆尧镇、柳行农场等十余个村，该区域地势平坦、土壤肥沃、植葱技术经验丰富，是适宜大葱发展的地区。

3. 优质高效设施蔬菜产业带

隆尧设施蔬菜发展相对滞后，发展蔬菜设施栽培，提高温室、大棚设施的比例，是蔬菜产业发展的重要任务。

建设规模：“十三五”期间在县域中部4乡镇建设施蔬菜产业带，新发展设施蔬菜4 300亩，规划总面积达到1.54万亩。

建设内容：以发展节能日光温室、塑料大棚等大型园艺设施为中心，提高其在设施蔬菜中的比例，建设大规模、成方连片产业化的设施蔬菜生产基地3 000亩以上，进行标准化生产，辐射带动全县设施蔬菜的发展和产业升级。

设施蔬菜生产要紧密围绕“三节一增”（节水、节肥、节药、增效）目标，积极实施河北省提出的十项实用关键技术：一是棚室结构性能优化技术；二是工厂化、集约化蔬菜育苗技术；三是设施土壤灭菌抑病与恢复活化技术；四是节水灌溉与降湿防病技术；五是保花保果提高坐果率技术；六是沼肥综合利用技术；七是病虫害绿色综合防控技术；八是蔬菜高效全程机械化技术；九是灾害性天气突发对策；十是高档精品蔬菜系列化栽培技术。

产品设计：以高端市场、高消费群体为目标，以高档精品蔬菜生产为主，主攻国庆节、新年、春节三个节日，在做好市场调研的基础上，科学的、周密的安排适销对路品种、高产高效种植茬口、贡献新鲜营养安全的蔬菜；与东方食品城的需求对接，远销石家庄、北京等大中城市，增加效益，提高农民收入。

项目布局：在县域纵贯南北的固城镇、山口镇、隆尧镇、魏家庄镇，沿宁鸡线两侧的行政村及相关企业建设优质高效设施蔬菜产业带。

4. 高标准、产业化、脱水加工蔬菜生产基地建设

（1）建设规模。7 000亩。

（2）建设布局。在滏阳河以东，东千线及东部小漳河两侧的行政村及相关公司企业，进行大规模、产业化、专业化露地加工原料蔬菜生产基地建设，实现

“一村一品”或“多村一品”。

（3）主要建设内容。

基础设施建设：平整土地，疏通沟渠，建设灌排便捷的水利设施，“水电路”到地头，增加施入有机肥，培肥地力，为露地加工专用蔬菜优质高产夯实基础。

产品设计：适宜制作脱水蔬菜、可以作为方便面添加料的主要蔬菜种类：甘蓝、大白菜、胡萝卜、大葱、香葱、辣椒、甜玉米等，对某些蔬菜品种及适宜加工性有一定要求，依据加工厂的需求与加工时段，选择品种，确定面积和适宜的栽培方式，组织安排生产。

在充分做好加工蔬菜需求调研的基础上，发展订单农业，依据脱水蔬菜生产厂家的需求和供应时段，签订供销合同，并与其共同制订切实可行的生产供应计划，保障脱水加工原料蔬菜排开生产，均衡收获，质量安全，降低成本，提高效益。

5. 高档适销鲜食玉米、微型甘薯基地建设项目

（1）建设规模。1 000 亩，含适销对路的甜糯玉米与微型甘薯。

（2）建设布局。在乡域内选择区位优势与交通优势良好、适宜生产玉米的区域集中布局；并与鲜食玉米加工厂引进、建设地址选择统一考虑。

（3）主要建设内容。

基础设施：依托高标准农田建设工程，完善基地机井、沟渠、道路等基础设施。

产品设计：引进中糯 1 号、中糯 2 号、京科糯 2000、紫薯（黑甘薯）、宁紫 2-2 等甜玉米和微型甘薯品种进行试种，主攻新年、春节两个重点节日，通过订单农业，网络“电商”品牌销售，经济效益很好。

6. 传统特色露地蔬菜基地建设

（1）建设规模。建设传统特色露地蔬菜基地 12.7 万亩。

（2）建设内容。旧棚室改造，参照河北省提出的棚室建设标准进行。

日光温室跨度一般为 7.5～10 米，对应的脊高为 4～5 米，长度 60～100 米；日光温室合理采光屋面角为 23°～27°，后屋面仰角 35°～45°，后屋面水平投影 1.1～1.3 米；温室方位为坐北朝南，正南正北或南偏西 5°，栽培床一般下挖

0.6~0.8 米；

塑料大棚跨度一般为 8~12 米，脊高 2.2~3.5 米，以南北延长为宜。骨架材料选择抗灾性能好的钢材和水泥；保温覆盖物选择透光率高、耐老化、防雾滴性好的优质多功能薄膜和保温性好、使用寿命长的保温被和草苫等。

项目布局：在设施蔬菜发展较早的牛家桥、县原种场、固城镇、隆尧镇、魏家庄等镇进行。

（四）投资估算与效益分析

1. 投资概算

8 项建设项目概算总投资94 150亿元（表 5-6），资金来源概算：自筹资金48 200万元，占 51.2%；招商与企业投资16 950万元，占 18%；申报项目与专项资金14 780万元，15.7%；地方政府支持或无息贴息贷款14 220万元，占 15.1%。

表 5-6 优质蔬菜重点项目投资估算 单位：万元

序号	项目	投资
1	优质蔬菜种苗繁育中心	2 800
2	特色隆尧大葱产业带	3 000
3	优质高效设施蔬菜产业带（新建 15 000 亩）	31 500
4	传统特色露地蔬菜基地（12.7 万亩）	50 800
5	优质鲜食玉米及微型甘薯（1 000 亩）	50
6	加工脱水蔬菜基地建设（7 000 亩）	3 500
7	“泽畔莲藕”特色蔬菜基地建设	500
8	对“老旧危棚室”设施基地改造提升	2 000
	合计	94 150

2016—2020 分年度投资估算：

2016 年，投资概算 17 150 万元，重点建设蔬菜育苗中心、新建温室大棚 300 亩、建设露地蔬菜基地10 000亩。

2017 年，投资概算 20 000 万元，完成蔬菜育苗中心建设；继续进行隆尧大葱基地建设、特色露地蔬菜、蔬菜设施建设及“老旧危”棚室改造工程。

2018 年，投资概算 20 000 万元，开始进行“泽畔莲藕”基地建设；完成大葱基地建设及“老旧危”棚室改造工程；继续进行设施蔬菜、露地特色蔬菜的改扩工程。

2019 年，投资概算 20 000 万元，继续进行设施蔬菜、特色露地蔬菜及“泽畔莲藕”基地建设。

2020 年，投资概算 17 000 万元，最后完成设施蔬菜、露地特色蔬菜基地及“泽畔莲藕”基地建设。

2. 效益分析（含经济、社会、生态等综合分析）

（1）经济效益。预计 2020 年蔬菜总产达到 92.33 万吨，总产值达到 129 600 万元；与 2015 年 9.62 亿元比，新增产值 3.34 亿元；2025 年预计蔬菜总面积发展到 23.0 万亩，实现产值 14.8 亿元（表 5-7）。

注解：①产量。设施蔬菜平均按 7 吨/亩计、露地蔬菜 3.8 吨/亩计、大葱按 4 吨/亩计、泽畔莲藕按 12 吨/亩计；总产：92.33 万吨。②产值。露地蔬菜、大葱、脱水蔬菜、鲜食玉米平均按 0.45 ~ 0.55 万元/亩计，设施蔬菜按 1.20 万元/亩计，泽畔莲藕按 1.5 万元/亩计；总产值：12.9600 亿元。

表 5-7　经济效益估算　　单位：万元

序号	项目	2020 年	2025 年
1	露地蔬菜总产值（12.7 万亩）	58 350	60 000
2	设施蔬菜总产值（4.2 万亩）	50 400	60 900
3	隆尧大葱（3 万亩）	15 000	16 000
4	脱水蔬菜（0.7 万亩）	3 850	5 800
5	鲜食玉米、微型甘薯（0.1 万亩）	500	800
6	泽畔莲藕基地（0.1 万亩）	1 500	4 500
	合计	129 600	148 000

（2）社会效益。设施蔬菜发展、蔬菜服务体系建设及休闲观光产业发展，预计可以提供 500 ~ 800 个就业岗位，变冬闲为冬忙，增加农民收入；向北京、石家庄、邢台等大中城市提供鲜菜 50 万 ~ 60 万吨，为绿色“菜篮子”建设，丰富京津副食品供应做出新贡献。

(3) 生态效益。发展绿色有机蔬菜和无公害蔬菜产品，消纳畜牧业产生的废弃物，成为有机肥沃土肥田，资源循环利用，减少环境污染，提升保护生态环境，建设和谐小康社会。

三、畜禽标准化规模养殖产业

(一) 发展现状与问题

1. 发展现状

“十二五”期间，隆尧县“定目标、强措施、重奖惩、严执法”，使全县畜牧业得到了快速发展。2015 年，全县牧业产值完成 17.26 亿元，占农业总产值比重达到 34%，肉蛋奶产量分别达到 3.65 万吨、8.36 万吨和 2.53 万吨，人均占有肉蛋奶数量分别达到 71.6 千克、16.90 千克和 49.6 千克（表 5-8）。

表 5-8　2015 年隆尧县主要畜牧业发展情况

序号	品种	单位	出栏数	存栏数
1	生猪	万头	29.28	21.45
2	肉牛	万头	0.91	1.26
3	奶牛	万头	0.26	0.61
4	羊	万只	9.52	7.63
5	蛋禽	万羽	576.9	758.9
6	肉禽	万羽	33.08	14.2

“十二五”以来隆尧县加快壮大生猪、蛋鸡两大主导产业和奶牛、肉羊两大特色产业，畜禽标准化、规模化水平得到明显提高，京津优质畜产品生产基地雏形基本建立。全县规模养殖场（区）发展到 150 个，其中常年存栏 300 头以上的规模猪场 60 个，存栏 5 000只以上的养鸡场 70 个，奶牛全部实现了规模养殖。猪、鸡、肉羊、奶牛规模化养殖率分别达到 65%、90%、76%、100%。全县通过备案注册登记的规模养殖场达 130 家。

(1) 以无公害畜产品认定为突破，提升畜产品标准化水平。以贯彻落实

《河北省农产品市场准入制度》为契机，积极开展无公害畜产品产地认证和无公害畜产品认证，推进全县畜牧业标准化生产，保障畜产品质量安全。全县共有26家畜禽养殖场通过无公害畜产品产地认定，分别为猪场17家、奶牛场1家、鸡场5家、肉羊场2家、肉牛场1家，其中有6家畜禽养殖场通过无公害畜产品认证，包括鸡场5家，奶牛1家。

（2）以标准化示范场创建为载体，带动规模化标准化畜牧业生产。贯彻落实《农业部畜禽标准化示范场管理办法（试行）》（农办牧〔2011〕6号）关于创建标准化示范场的有关精神，全县共创建部级标准化示范场3家、省级标准化示范场8家、市级示范场10家。通过发挥标准化示范场在标准化生产、动物防疫条件管理、安全高效饲料推广、畜禽粪污处理和产业化经营等方面的示范带动作用，全面推进全县畜禽标准化规模养殖进程。

（3）以畜牧业龙头企业为依托，推进优质畜产品基地建设。在隆尧怡东公司、泰国正大公司、河北唯强牧业三大龙头企业聚集的沿南郝公路生猪养殖带基础上，发展千户营乡、隆尧镇、尹村镇、魏家庄镇，新增北楼乡、东良乡的生猪规模养殖，生猪主要规模养殖乡镇占到全县乡镇60%以上。以天兴养殖场、福兴生态牧业有限公司为龙头的北楼、魏庄无公害蛋鸡养殖区继续发展壮大，全县新建存栏2万只以上规模鸡场5家，天兴养殖场完成二期投资，建成标准化鸡舍10栋，存栏蛋种鸡10万套。重点扶持红山乳业和羽佳牧业，实施奶牛标准化建设项目，带动全县奶牛综合生产水平的提升，整合全县奶牛养殖，全部实现规模养殖。以河北强园森养殖有限公司、河北奕美牧业有限公司为龙头，以河北雨汐牧业有限公司、隆尧县奥鑫养殖场标准化建设为依托，肉羊规模养殖产业快速发展。

（4）以畜禽良繁体系建设为推动，提升畜禽良种化水平。重点加快生猪、奶牛、蛋鸡和肉羊畜禽良种繁育体系建设，增强良种供应能力，为提升全县畜牧业综合能力提供保证。全县共建成符合“河北省种畜禽场规范化管理标准”的种畜禽场8家（其中种猪场5家、种鸡场3家）；累计使用优质奶牛冻精8 000多支，使用性控冻精1 000多支；落实国家生猪良种补贴县建设项目，建成共存栏优质种公猪130头的种公猪站两家，全县95%以上母猪实现了人工授精；河北雨汐牧业有限公司率先引进并开展了肉羊子宫角人工授精技术，有望带动全县肉羊改良的进一步加快。

（5）以畜产品安全监管为中心，稳步推进畜产品质量安全水平。积极开展肉及肉制品专项整治和畜产品安全隐患排查活动，对全县 52 家养殖企业和 4 家屠宰点全部实施了排查。每年定期安排对全县养殖场进行“瘦肉精”拉网式检测，检测合格率为 100%。对基层分站全体人员和全县规模养殖场、屠宰点负责人进行集中培训，基层分站与养殖场负责人签订畜产品质量安全管理目标责任状，将监管责任层层分解，责任到人；开展动物卫生监督管理产地示范县创建工作，规范全县动物卫生执法行为，从流通环节杜绝病害动物及动物产品流入市场，确保人民群众畜产品质量安全；对兽药生产及经营企业进行监督管理，严格市场准入制度，健全进销货台账，规范兽药、饲料生产经营行为。

2. 存在问题

“十二五”期间，隆尧县现代畜牧业进程不断加快，畜牧业成为农业的重要组成部分，成为农业增效和农民增收的重要来源，但还存在以下几个方面的问题。

（1）水和土地资源对畜牧业发展的制约日益突出。隆尧县位于河北平原最大的漏斗区——“宁柏隆”（宁晋、柏乡、隆尧）区域，畜牧业发展所需的水资源匮乏。无论散养、专业户饲养，还是规模饲养，均存在不同程度的用地难问题，并且规模养殖场在选址布局、设施、防疫、环境治理等方面的严格要求导致用地难问题更为突出，用地难的问题在不同畜禽品种之间存在差异，生猪规模养殖用地难问题最为普遍和突出。

（2）资金缺乏仍是制约畜牧业发展的瓶颈之一。有效抵押品、质押权不足，制约了畜牧业信贷融资。活禽活畜对于金融机构来说，难以作为抵押物出现；养殖业的固定资产多为简易的棚舍，价值较低且土地等多为租赁，没有所有权，难以作为符合贷款需求的抵押物。畜牧业保险发展相对滞后也加剧了金融机构的“慎贷”。畜牧业受疫病等风险影响较大，急需保险服务及时跟进，但隆尧县目前畜牧业保险服务力度以及服务覆盖面远远不够。除能繁母猪保险外，其他类型的保险尚未开展。

（3）动物疫病防控形势依然严峻。部分养殖场（户）之间没有合理间隔，养殖场场区布局不合理，且大多数场不分区，户消毒制度不健全和生物安全措施不到位，饲养密度过大，加之省内外疫情时有发生，疾病种类增多，病毒变异快，导致疫病防控难度加大。基层畜牧兽医服务体系不健全，尚难以适应现代畜牧业生产发展的需要。具体表现为工作经费缺乏，工作条件艰苦，系统的专业技术培训欠缺等。

(4) 规模养殖场的环保治理压力越来越大。规模化养殖场的环境污染已成为农村面源污染的重要来源，治理工作刻不容缓，随着国家环保工作力度加大，规模化养殖场的环保压力日益加剧。隆尧县畜禽养殖存在的问题主要表现在以下几方面：一是散养农户对畜禽养殖场治污认识不到位，没有配套综合利用和污水治理设施；二是对规模畜禽养殖场监管不到位；三是畜禽养殖场粪污处理设施治理成本较高，负担较重。

(5) 畜产品质量安全监管体系仍待建立健全。畜产品监管机构、监管手段、检测人员及设备等均不能满足产品监测的需求，畜产品质量安全隐患依然不容忽视。隆尧县各级畜产品质量安全监管机构、执法机构及检验机构已建立健全，但人员配备相对较少，人员素质也有待提高，不能做到全面监管，存在基层监管机构办公场所简陋、监测设施陈旧、工作经费难以保证等现象。

(6) 有市场影响力的畜牧业品牌打造有待加强。目前隆尧县的畜牧业生产，无论是生猪、蛋鸡，还是奶牛、肉羊，基本上处于提供原材料阶段，虽然隆尧羊汤饮食文化特色鲜明，市场开拓较好，养殖、屠宰、加工、销售、饮食产业链相对完整，对提升养殖户的肉羊养殖效益发挥了积极作用。但缺乏大型加工企业带动和加工标准，没有形成有一定影响力的品牌。

(二) 思路与目标

1. 发展思路

畜禽标准化规模养殖是隆尧县畜牧业发展的必由之路。“十三五”时期，是隆尧县畜牧业“转方式、调结构”、抓住“京津冀协同发展”战略机遇期、全面推进畜牧业现代化建设的关键时期，要以实施创新驱动战略为契机，提升畜牧业科技进步贡献率，推行适度规模化、标准化、产业化、生态化、信息化，保障畜产品质量安全和有效供给，成为京津地区优质畜产品生产基地、科技成果示范基地、特色畜产品加工基地。

2. 规划目标

到2020年，肉蛋奶总产达到18万吨以上，畜牧业产值占农业总产值比重达50%，农民人均牧业纯收入比“十二五”末增长15%以上，规模养殖比重达到85%，形成技术装备先进、经营规模适度、一二三产业融合、数量质量效益并重、生态环境良好的现代畜牧业产业体系，建设成为京津石地区优质畜产品生产基地。

科技支撑更为有力。随着京津冀畜牧业协同发展的不断深入，满足隆尧县畜牧业发展的饲养管理、疫病防控等关键技术得到深入推广，主要畜禽的良种化达到95%以上，到2020年，畜牧业科技进步贡献率较2015年增长8%，达到60%，与畜牧发达地区的差距进一步缩小。规模化养殖比例继续加大。生猪（出栏500头）、蛋鸡（存栏5 000羽）、肉羊（年出栏500只）的规模化养殖率分别提高20%、20%和30%，达到70%、80%和60%，存栏200头以上奶牛小区或规模养殖场达到100%。

主要畜禽的生产性能得到明显提升。奶牛单产水平由目前的6.5吨增长到7.5吨，商品代蛋鸡72周龄产蛋总重由目前的18千克增长到19.5千克，每头能繁母猪年均提供出栏育肥猪数量由目前的12头增加到15头。标准化进一步加速。建成市级以上畜禽养殖标准化示范场30个，畜禽养殖场通过无公害畜产品产地认定占全部规模养殖场50%以上，提高本地鸡蛋对今麦郎的供应能力，供应率达到50%以上。标准化规模养殖场生产的畜产品60%进入可追溯体系（表5-9）。

表5-9　2020年隆尧县主要畜牧业发展目标

序号	项目	单位	目标	较2015年增长（%）
1	生猪出栏	万头	35	20
2	肉牛出栏	万头	1.2	32
3	奶牛存栏	万头	0.7	15
4	羊出栏	万只	15	58
5	蛋禽存栏	万羽	850	12
6	肉禽出栏	万羽	50	52
7	肉产量	万吨	4.50	23

（续表）

序号	项目	单位	目标	较 2015 年增长（%）
8	蛋产量	万吨	10.55	26
9	奶产量	万吨	3	19

（三）建设内容与布局

1. 京津石优质畜产品生产基地

根据现有产业发展基础和发展潜力，适应京津冀畜牧业协调发展的需要，优化区域布局，推行节水技术和农牧结合，加大粪污治理和资源化利用，提升养殖水平及畜产品质量，推动畜牧业提质增效，使隆尧县成为京津石生猪、奶牛和蛋鸡等优势畜产品生产基地。

（1）优质生猪生产基地。依托河北正大畜禽有限公司、隆尧怡东农牧有限公司、河北唯强牧业有限公司等三大生猪养殖龙头企业，建设沿南郝公路的生猪养殖带。到 2020 年，在千户营乡、隆尧镇、尹村镇、魏家庄镇等生猪养殖优势乡镇，建成种养结合、适度规模（年出栏 500～1 000头）的标准化猪场 200 家，年出栏10 000头以上的大规模标准化规模猪场 10 家。年供应京津石优质生猪 25 万头。

主要建设内容：生猪规模标准化实施设施化改造，添置自动投料设施、环控设施和防疫消毒设施，购置鸭嘴式饮水器等节水设备，推广水泡粪、干清粪等清粪工艺技术。在中小规模养殖场中重点推广“自繁自养、人工授精、封闭猪舍、全价饲料、自由饮食”5 项关键技术，在大型规模场中重点推广“福利养殖、清洁环保、安全保健、湿帘降温、纵向通风、精细管理”6 项关键技术。

投资估算：适度规模标准化猪场每家投入 50 万元，猪场 200 家，需投入10 000万元；新建年出栏10 000头以上的大规模标准化规模猪场 5 家，每家投入4 000万元。共计30 000万元。

（2）优质蛋鸡生产基地。以隆尧天兴养殖场、隆尧福兴生态牧业有限公司、隆尧县任村养殖场为龙头，建设北楼乡、魏家庄镇优质蛋鸡养殖区。到 2020 年，建成常年存栏蛋鸡 5 万只以上标准化规模鸡场 10 家，存栏5 000只以上标准化规模鸡场 100 家。按照“设备先进、环境可控、效益较高”的要求，积极推广“正弘升”牌无公害生态鸡蛋，带动周边 150 户规模鸡场进行轻型蛋鸡养殖，逐渐实现与今麦郎公司卤蛋生产线有效对接，满足其日需要 350 万枚鲜蛋的需求。

主要建设内容：对蛋鸡大型养殖场和中小型养殖场实施标准化改造，重点推广“湿帘降温、风炉供暖、纵向通风、乳头饮水、自动给料、机械清粪”6 项关键技术。

投资估算：蛋鸡大型养殖场和中小型养殖场每家分别投入 200 万元和 50 万元，共计7 000万元。

（3）优质奶牛生产基地。抓好羽佳牧业、红山乳业为龙头的沿南郝公路奶牛养殖带。实施无公害标准化规范化生产，打造高质量、高水平的优质奶源基地，提高奶牛单产水平，抓好企业扩能提质和扩存增产工作，到 2020 年，全县鲜奶年产量达到 3 万吨。

主要建设内容：发展羽佳牧业、红山乳业，实施标准化改造，重点推广“TMR、疫病防控”等关键技术。

投资估算：每家投入 500 万元，共1 000万元。

（4）优质肉羊生产基地。建设以河北雨汐牧业、河北奕美牧业为龙头带动的沿宁鸡线两侧乡镇肉羊养殖带，全面提高肉羊标准化生产水平和产业化经营水平，到 2020 年，建成年出栏 500 只以上标准化规模肉羊场 100 家，建成年出栏2 000只以上标准化规模肉羊场 20 家，规划建设肉羊批发市场 1 处，年供应京津优质肉羊 10 万只。

建设内容：对肉羊大型养殖场和中小型养殖场实施标准化改造，重点抓好疫病综合防治、先进适用技术的推广、标准化养殖等综合增产技术工作。规划建设肉羊综合批发市场 1 处，建设肉羊屠宰线 1 条。

投资估算：肉羊综合批发市场投入4 200万元，肉羊屠宰线投资 800 万元，共5 000万元。大型养殖场和中小型养殖场实施标准化改造，每家分别投入 200 万元和 50 万元，共计9 000万元。

2. 良种繁育体系配套建设

大力推广优良品种，进行品种更新，完善祖代—父母代—商品代良繁体系的基本框架，全县生猪（以杜、长、大三元杂交为主）、蛋鸡（以海兰褐、罗曼为主）、奶牛（中国荷斯坦）和肉羊良种率分别达到 96%、98%、100%和 85%。

（1）生猪良种繁育体系。以正大、怡东、天雨三大企业为龙头，大力发展杜长大三元杂交系，扩大二元种母猪的良种覆盖面。以生猪良种补贴项目县为依托、以种公猪站为平台，在全县全面实施人工授精技术，扩大优质种猪改良范围。强化技术服务，充分发挥畜牧技术推广站的职能作用，引导农户发展年出栏1 000头以上的适度规模养殖。

建设内容：实施生猪良种补贴项目县项目工程，新增加建设种公猪站4家。

投资估算：每家种公猪站需要投入建设资金和设备费100万元，共计400万元。

（2）蛋鸡良种繁育体系。稳步推进天兴养殖场优质种鸡推广示范项目轻型鸡，做到年向社会提供轻型优良种鸡500万羽。

建设内容：对天兴养殖场和隆尧福兴生态牧业有限公司实施改造升级。

投资估算：每家公司需要投入800万元，共计1 600万元。

（3）肉羊良种繁育体系。积极推进本地波尔山羊、小尾寒羊等地方品种的科技养殖技术研究，逐步建设以本地品种选育为主的肉羊品种改良体系，提高隆尧县的肉羊良种化水平。

建设内容：建设小尾寒羊、杜泊等纯种良种场各1家。

投资估算：每只羊纯种良种场需要投入800万元，共计1 600万元。

3. 畜禽粪污综合治理

在规模化生猪、奶牛养殖场和养殖小区，按照干湿分离、雨污分流、种养结合的思路，建设一批畜禽粪污原地收集储存转运、固体粪便集中堆肥或能源化利用、污水高效生物处理等设施和有机肥加工厂。到2020年实现全县100%的规模化养殖小区（场）畜禽粪便排污无害化处理。

（1）养殖场粪污综合治理。现有环保工艺不合理和尚未建有粪污处理设施的养殖企业逐步改造或停产，完成对现有200家非标准化规模养殖场的改造，及新建规模养殖企业必须配套建设粪便污水处理设施。

投资估算：平均现有的非标准化规模养殖场每个投入30万元，共6 000万元。对100家新建养殖企业配套建设粪便污水处理设施，每家80万元，共8 000万元，共计14 000万元。

（2）病死动物无害化处理场。在千户营乡、隆尧镇、尹村镇、魏家庄镇建设4个中小型病死动物无害化处理场。

投资估算：建设4个病死动物尸体无害化处理点，每个点配套建设资金和设备费150万元，共计600万元。

（3）有机肥厂建设。在北楼乡、千户营乡、尹村镇建设3个有机肥厂，开展规模化畜禽养殖场废弃物处理与资源化利用。

投资估算：每个厂投资800万元，共计2 400万元。

（4）大中型沼气工程。建设20处规模化养殖场（小区）大中型沼气工程，推广“畜禽—沼气—种植”生产模式。

投资估算：平均投入300万元，共计6 000万元。

4. 动物防疫基础设施

加强动物防疫基础设施建设，构筑严密的动物疫病防控网络，不仅是保障畜牧业健康发展的重要基础，也是防止人畜共患病在人间传播的重要防线。要进一步完善隆尧县动物防疫执法基础设施、动物疫病追溯体系、动物疫病检测体系，提高动物疫情预警能力和防控能力，确保动物及动物产品安全。隆尧县动物防疫基础设施建设项目主要包括以下三个方面内容。

（1）动物防疫执法基础设施。

建设内容：完善各乡级动物防疫执法机构办公场所，完善疫苗储藏设施，配备防疫用具，储备防疫应急物资。

投资估算：每个乡级动物防疫执法机构投入40万元，全县12个乡级动物防疫执法机构，共计480万元。

（2）动物疫病追溯体系。

建设内容：建设隆尧县动物疫病追溯监控中心及乡级监控网点，与农业部动物疫病追溯体系平台联网，强化对动物养殖、动物加工企业的数字化监管。该系统装配电脑、服务器、交换机、操作系统软件、数据库软件、畜禽疫病防控指挥平台软件、专家智能分析软件等设备。

投资估算：建设隆尧县动物疫病追溯监控中心投资300万元，建设信息网点投资280万元，共计580万元。

（3）动物疫病检测体系。

建设内容：本着巩固县级、完善乡级的目标，更新完善动物疫情监测、信息收集、分析、处理、报告等设备设施，达到国家规定的标准。

投资估算：隆尧县和各乡实验室设备设施分别按300万元、20万元投资，共计540万元。

5. 饲草种植基地

到2020年，饲草种植面积达到4.2万亩，其中种植紫花苜蓿等多年生优质牧草种植规模达到1.2万亩，年产鲜草10万吨，按折干率25%计算，可产干草2.5万吨，种植青贮玉米3万亩，按照亩产5吨计算，总产量可达15万吨。种植区域：山口镇、尹村镇、千户营乡、莲子镇镇，每个乡镇建设一个3 000亩集中连片的苜蓿种植基地。

投资估算：建设一个3 000亩集中连片的苜蓿种植基地，设施建设、设备购置租赁等建设投资约为600万元，共计2 400万元。青贮玉米只需对现有种植的玉米品种和种植技术进行调整，每亩增加投入按100元估算，共计300万元。

（四）投资及综合效益分析

1. 投资估算

2016—2020年重点项目分年度投资估算详见表5-10，养殖重点项目投资来源见表5-11。

表5-10　2016—2020年重点项目分年度投资估算　　单位：万元

序号	项目名称		建设内容与规模	建设地点	投资额
1	京津地区优质畜产品生产基地	优质生猪生产基地	推广节水关键技术，推进标准化规模化改造与升级，到2020年，建设年供应京津优质生猪25万头	沿祁南公路的生猪养殖带	30 000
		优质蛋鸡生产基地	推进标准化规模化改造与升级，到2020年，建成常年存栏蛋鸡5万只以上标准化规模鸡场10家，存栏5 000只以上标准化规模鸡场100家	建设北楼乡、魏家庄镇优质蛋鸡养殖区	10 500
		优质奶牛生产基地	实施标准化改造，到2020年，全县鲜奶年产量达到3万吨	沿祁南公路奶牛养殖带	1 000
		优质肉羊生产基地	推进标准化规模化改造与升级，建设肉羊综合批发市场1处，建设肉羊屠宰线1条到2020年，年供应京津优质肉羊10万只	沿宁鸡线两岸肉羊养殖带	10 500

（续表）

序号	项目名称		建设内容与规模	建设地点	投资额
2	畜禽良种繁育体系配套建设	生猪良种繁育体系	建设种公猪站4个	千户营乡、隆尧镇、尹村镇、魏家庄镇	800
		蛋鸡良种繁育体系	对天兴养殖场和隆尧福兴生态牧业有限公司实施改造升级	北楼乡南汪店村、魏家庄镇西魏村	1 600
		肉羊良种繁育体系	建设波尔山羊、小尾寒羊等纯种良种场各1个	固城镇、隆尧镇	3 000
3	畜禽粪污综合治理	养殖场粪污综合治理	200家非标准化规模养殖场的改造	全县	14 000
		无害化处理场	建设4个中小型病死动物无害化处理场	千户营乡、隆尧镇、尹村镇、魏家庄镇	600
		有机肥厂建设	建设3个有机肥厂	北楼乡、千户营乡、尹村镇	2400
		大中型沼气工程	建设20处规模化养殖场（小区）大中型沼气工程	全县	6 000
4	动物防疫基础设施	乡级动物防疫执法机构建设	完善各乡级动物防疫执法机构基础设施及防疫用具和应急物资配备	全县12个乡镇	480
		隆尧县动物疫病追溯监控中心建设	建设与农业部动物疫病追溯体系平台联网的县级中心	隆尧镇	540
		县级和乡级动物疫病检测体系建设	更新完善动物疫情监测、信息收集、分析、处理、报告等设备设施	隆尧镇、全县12个乡镇	580
5	饲草种植	饲草种植基地	饲草种植面积达到4.2万亩	山口镇、尹村镇、千户营乡、莲子镇镇	2 700
			小计		84 700

表 5-11　养殖重点项目投资来源　　单位：万元

<table>
<tr><th rowspan="2">序号</th><th colspan="2" rowspan="2">项目名称</th><th colspan="3">投资来源</th></tr>
<tr><th>企业自筹</th><th>银行贷款</th><th>财政投资</th></tr>
<tr><td rowspan="4">1</td><td rowspan="4">京津地区优质畜产品生产基地</td><td>优质生猪生产基地</td><td>18 000</td><td>9 000</td><td>3 000</td></tr>
<tr><td>优质蛋鸡生产基地</td><td>6 300</td><td>3 150</td><td>1 050</td></tr>
<tr><td>优质奶牛生产基地</td><td>600</td><td>300</td><td>100</td></tr>
<tr><td>优质肉羊生产基地</td><td>6 300</td><td>3150</td><td>1 050</td></tr>
<tr><td rowspan="3">2</td><td rowspan="3">畜禽良种繁育体系配套建设</td><td>生猪良种繁育体系</td><td>400</td><td>0</td><td>400</td></tr>
<tr><td>蛋鸡良种繁育体系</td><td>1 120</td><td>0</td><td>480</td></tr>
<tr><td>肉羊良种繁育体系</td><td>1 500</td><td>0</td><td>1 500</td></tr>
<tr><td rowspan="4">3</td><td rowspan="4">畜禽粪污综合治理</td><td>养殖场粪污综合治理</td><td>7 000</td><td>4 200</td><td>2 800</td></tr>
<tr><td>无害化处理场建设</td><td>0</td><td>0</td><td>600</td></tr>
<tr><td>有机肥厂建设</td><td>1 200</td><td>720</td><td>480</td></tr>
<tr><td>大中型沼气工程建设</td><td>3 000</td><td>18 00</td><td>1 200</td></tr>
<tr><td rowspan="3">4</td><td rowspan="3">动物防疫基础设施建设</td><td>乡级动物防疫执法机构建设</td><td>0</td><td>0</td><td>480</td></tr>
<tr><td>隆尧县动物疫病追溯监控中心建设</td><td>0</td><td>0</td><td>580</td></tr>
<tr><td>县级和乡级动物疫病检测体系建设</td><td>0</td><td>0</td><td>540</td></tr>
<tr><td rowspan="2">5</td><td rowspan="2">饲草种植基地</td><td>青贮玉米种植</td><td>0</td><td>0</td><td>300</td></tr>
<tr><td>规模化苜蓿种植</td><td>1 200</td><td>720</td><td>480</td></tr>
<tr><td></td><td></td><td>小计</td><td>46 620</td><td>23 040</td><td>15 040</td></tr>
</table>

2. 效益分析（表 5-12）

（1）京津地区优质畜产品生产基地。通过项目建设，隆尧县将成为邢台市重要的京津优质畜产品供应基地，依托京津冀畜牧业协同发展的不断深入，优质优价机制逐步形成，优质畜产品的收入将超过畜牧业总产值的 60%，达到 20 亿元，纯利润按 12%估算，可以达到2. 4 亿元。

（2）畜禽良种繁育体系配套建设。通过项目实施，到 2020 年，预计达到每头能繁母猪年提供商品猪 13. 5 头的目标，将减少能繁母猪饲养 1. 1 万头，蛋鸡的死淘率有望下降 1. 5%；一只经产母羊羊羔数由目前 3. 5 只增长到 5 只，有望实现节本增效9 600万元。

（3）畜禽粪污综合治理。项目建成后，全县规模养殖场全部实现达标排放，将创造良好的生态效益。如果按照无公害畜产品比率提高到50%、无公害畜产品价格较普通畜产品价格高20%、环保设施的贡献率为30%计算，每年可增加收入7 500万元。

（4）动物防疫基础设施建设。项目建成后，将进一步提升全县动物防疫执法能力、动物疫情预警、防控能力和动物疫病及产品检验检测能力，对有效防控重大动物疫病、保障动物食品安全和公共卫生具有重要意义。大牲畜、肉羊、生猪、家禽死亡率分别可降低0.5个、1个、1个和3个百分点，全县每年可减少经济损失4 000万元。

（5）饲草种植基地。项目建成后，将进一步保障全县奶牛、肉牛和肉羊产业对优质饲草的需求，对保障优质安全牛奶、牛肉和羊肉等畜产品生产具有重要意义。据测算，种植苜蓿产值约为5 000万元，每亩除基础设施投入和租金支出外，固定成本约为600元，按每吨干草2 000元测算，收益可以达到1 400元。每吨青贮玉米按平均400元/吨，每亩产值约为2 000元，每亩收益约为800元。综上所述，饲草种植项目年产值可以达到11 000万元，纯收益约为4 080万元（表5-12）。

表5-12　经济效益估算　　单位：万元

序号	项目	2020年	2025年
1	京津地区优质畜产品生产基地	24 000	28 800
2	畜禽良种繁育体系配套建设	9 600	11 520
3	畜禽粪污综合治理	7 500	9 000
4	动物防疫基础设施建设	4 000	5 200
5	饲草种植基地	4 080	5 000
	合计	49 180	59 520

四、农产品精深加工产业

（一）发展现状与问题

1. 发展现状

（1）农产品加工产业基础好，产业集群发展态势初步形成。隆尧县已形成东方食品城为核心的农产品加工产业基地，产业特色鲜明，加工载体明确，产业发展态势良好。被评为全国食品工业强县（2005—2006年度）、全国食品工业十大发展特色县、全国农产品加工业示范基地（2010年12月）和全国首批农业产业化示范基地（2011年9月）。全县农产品加工产业集群已初步形成，2015年农业产业化经营率达到74.5%，有效延伸了产业链条。

（2）加工企业呈规模化经营，名优品牌战略体系逐步实施。隆尧县共拥有各类食品加工配套企业120余家。其中，国家级龙头企业1家（今麦郎），省级龙头企业5家（今麦郎、华统面业、旭日食品、金源色素和宏望食品），市级龙头企业40家。农产品加工企业中，拥有中国驰名商标3件（华龙、今麦郎和嘉士利），中国名牌产品2个（甲家、嘉士利），河北省著名商标17件，河北省名牌产品5件。全县拥有高新技术企业1家（今麦郎调味品），省级科技型中小企业5家。

（3）主导加工产业基本构建，产业经济效益日渐凸显。目前，隆尧县已形成以方便面、饮料等加工为主体的优势农产品加工产业，是世界上最大的方便面生产基地。年产方便面80万吨、挂面25万吨、面粉46万吨、饮品100万吨、粉丝4.5万吨、卤蛋4.8亿枚、湿面1万吨、饼干1.2万吨、彩印塑膜5万吨、食品容器6亿只。以东方食品城为例，2015年东方食品城为主营业务收入186.38亿元，上缴税金2.24亿元，财政收入2.53亿元，占隆尧县财政收入的38.73%。

2. 存在问题

农产品加工业是隆尧县现代农业的重要组成部分，是产业链条中承上（一产）启下（三产）的关键环节。目前，隆尧县农产品加工业仍存在一些不足，具体表现在：

（1）在产业结构类型上，目前农产品加工主导产业仅为方便面产业，近年来虽然饮料产业得到大力发展，但产业类型单一，产品种类不够丰富，涉及的农产品种类数量偏少。

（2）在企业规模和品牌推动上，尽管拥有今麦郎、华统面业、旭日食品等国家及省级龙头企业6家，但全县整体大部分的加工企业规模不大，成长型企业数占总量85%，加工转化增值水平有限；品牌产品对企业发展的拉动力量不强。

（3）在技术支撑和质量安全体系上，全县大部分企业平均装备水平自动化程度不高，科技创新能力有待加强；除龙头企业外，大部分企业存在专业的管理人才和技术人才不足、管理水平一般等现象，制约了产品品质提升和加工企业的可持续发展。

（4）在辐射带动和农民增收上，尽管以东方食品城为代表的隆尧县农产品加工产业具有良好的经济效益，但并未真正带动周边以种养为主的“一产”农业的发展。如今麦郎、旭日辣椒、凤韩食品等加工企业所需农产品原料大部分并非隆尧本地提供，均由外埠供给。因此，农产品加工业与周边农业利益联结不够紧密，导致周边农业增效和农民增收有限。

（5）在地方特色农产品产业化发展上，隆尧县当地特色小吃的文化历史悠久，种类较多，其中最为出名的有魏庄熏鸡、隆尧羊汤和丘底素叠等。但这些地方特色农产品以手工和作坊加工为主，缺乏现代化加工和包装的技术、装备，产品质量难以保证，销售半径和时限较短，品牌效应难以转换为经济效益。

（二）思路与目标

1. 思路

建立以东方食品城为核心的农产品加工产业基地，重点建设重大农业产业化项目，培养、发展和壮大现有农产品加工龙头企业；大力引进重点项目和优势食品加工知名企业，围绕产业链条进行招商，加快产业集群建设，形成隆尧县优势农产品加工产业链条；健全质量安全保障体系，推进农产品加工标准化，保障农产品加工产品的质量安全；完善加工企业与农民联结机制，充分发挥农产品加工对现代农业建设和农民就业增收的带动作用。最终推动全县农产品加工产业沿着规模化、集约化、品牌化模式发展，加快和提升隆尧县的农产品精深加工产业集聚发展，打造中国北方农产品生产基地。

2. 目标（2016—2020 年）

（1）总体目标。继续开展现有农产品加工产业基地建设，加快优势加工产业集群建立，扩增优势加工产品类型，扩大和提升现有农产品加工产业规模和产业结构。到 2020 年，基本建成布局合理、产业聚集、高度辐射、结构合理、效益凸显的农产品加工产业集聚区。

（2）具体目标。产业集聚效应显著。到 2020 年，以东方食品城为核心的加工城区、辐射带动隆尧县方便面产业集群、畜禽加工产业集群和休闲食品产业集群等 3 个核心农产品加工产业集群的农产品加工产业布局基本形成。隆尧县规模以上农产品加工产业实现年生产总值达 378 亿元，年均增长 15%左右。

加工企业规模和效益显著扩大。到 2020 年，隆尧县农产品加工企业主体达 160 余家，年产值亿元以上的加工企业达到 18~25 家，5 000万元以上的加工企业达到 30~40 家。新增 4~7 家省级以上重点龙头企业，20~25 家市级以上重点龙头企业。

农产品加工水平和产品质量进一步提升。到 2020 年，农业产业化经营率达到 80%以上，加工增值率达到 150%以上。100%的规模农产品加工企业建立农产品加工标准体系和质量控制体系，并通过 ISO 等体系认证。

产品类型和品牌效益大幅提升。到 2020 年，建立方便休闲类食品、饮料类食品、新兴食品、保健功能食品和生物基类产品的五大系列优势产品，新增中国驰名商标 1~2 个，河北省著名商标 3~5 个；新增中国及河北省名牌产品 2~3 个。

带动就业增收效果显著增强。到 2020 年，产业布局进一步优化，产业集聚和辐射带动能力增强；龙头企业带动能力进一步提升，通过承上启下作用与农业产业链条的上下游建立紧密连接纽带，有力促进了周边农民就业增收。

（三）建设内容与布局

依据隆尧县农业产业现状和农产品加工产业基础，结合当地地理位置、自然资源和发展潜力，按照“一园三区四基地”的结构对隆尧县农产品加工产业进行建设布局，形成1个农产品精深加工园区、3个地方特色食品加工区和4个农产品初加工基地的农产品加工产业格局。依托和壮大隆尧县当地的农产品加工重点企业，利用当地特色农产品的优势资源、东方食品城的园区优势和重大项目谋划建设等方面进行招商引资、吸引国内外知名度较高的食品加工企业，实现“一园重点发展，三区度身定制，四基地逐步拓展”的建设方案。

1. 农产品精深加工园区

农产品精深加工园区主要涉及东方食品城整个区域，以食品加工及上下游配套产业为主，注重相关产业的科技含量和发展潜力，形成龙头企业集约化发展态势，以龙头企业集群发展带动相关产业集群形成，走新型产业发展道路，实现产业的可持续发展，重点关注方便与休闲食品产业、功能保健品产业、生物基制品产业等新兴产业，发展与其相关联的战略新兴食品产业，最终形成隆尧县精深加工先进技术、装备、科技含量高和优秀品牌的展示窗口。具体建设内容包括以下6个项目。

（1）今麦郎方便食品产业。

建设内容：依托今麦郎集团自身良好的品牌、技术和市场优势，加强科技创新与新产品研发，进行方便面配套产业和饮品产业建设和发展。立足原有的良好方便面产业基础，推进新型方便食品开发项目，如开发高档化、特色化新型方便面产品，研发方便米粉、方便米饭、挂面等其他类型方便食品等。开展方便食品配套产业项目，如开发脱水蔬菜、调味料、汤料、卤蛋等产品，完善方便面全产业链条，整体提升行业竞争力和利润空间。重点打造饮品行业项目，遵循“市场化、多元化、品牌化、品质化、可持续化”的发展原则，开发运动型、功能型等新型饮品，逐步推进高端果蔬汁饮料、谷物饮料、茶饮料发展，形成多元化、特色化、潮流化的饮料类型新局面。此外，逐步发展谷物、豆类休闲食品项目，丰富企业产品类型，符合现代休闲食品趋势。

建设布局：城区南部产业功能区的中部，今麦郎大街、邢德公路、裕华路、迎宾大街、规划经六路、滨河路合围区域。

（2）宏望方便食品产业。

建设内容：主要依托河北宏望食品有限公司开展系列食品产业项目建设。重点推进建设一批非油炸方便面扩能升级改造项目，健康型方便面技术创新成果产业化项目，丰富方便产品类型，提升产品档次；进行调味料、脱水蔬菜、肉干制品、色素和包装材料等与方便面生产扩张升级需要相适应的配套产业项目，扩大产业规模。同时，积极发展宏望集团的果汁、饮料等食品产业链延伸拓展项目，开展宏望集团农副产品资源深加工招商引资合作项目，扩大企业产业规模，丰富公司产品类型，提升企业经济效益。

建设布局：位于北片产业功能区的中部，规划经二路、规划纬四路、规划经五路、规划纬一路、规划裕华路合围区域。

（3）中小食品企业创业园。

建设内容：主要采取“政府建设、企业租赁、市场运作、合作共赢”的模式，实行统一规划，统一建设，统一管理。逐步建设和扶持中小企业，培育孵化新的、有发展潜力优势产业。建设内容主要发展以特色农产品精深加工项目，农副产品综合利用项目，食品包材等配套产业建设项目等。应用和推广新技术、新工艺、新设备，实现传统食品的工业化发展，符合现代食品工业的发展趋势。

建设布局：位于南部产业功能区的东部，经六路、迎宾大街、裕华路、商贸城东路、经五路、邢德公路合围的区域。

（4）高端营养品企业投资园。

建设内容：发展保健食品、速冻食品、畜禽肉类食品等产业建设项目，朝着安全化、标准化、品质化、规模化和市场化方向发展。重点建设国内外知名维生素类、有机酸类、中药类和其他功能营养类食品企业转移合作项目，省内外营养保健品企业异地搬迁改造项目，国内外营养保健品创新成果产业化项目，具有自主知识产权的营养保健品制造技术产业化项目。

建设布局：位于北片产业功能区的西部，规划经一路、莲白路、裕华路、规划纬一路合围的区域。

（5）生物基制品产业。

建设内容：以提升食品工业产业发展水平和档次为目标，以科技创新和体制创新为动力，依托东方食品城良好基础设施和当地资源优势，打造一个集科学研究、研发生产于一体的北方重要的生物技术与农副产品加工基地和化工中间体制造基地。一是大力开展食品添加剂类产品及功能因子相关建设项目；二是逐步发展淀粉基原料加工建设项目。采用发酵工程技术、酶工程技术、蛋白质工程技术、基因工程技术等高新技术将农产品下脚料或其他原料进行处理，开发食品调味料、食品添加剂类产品；或者富集和分离其中有效的生物活性成分，作为保健食品的辅料。采用新技术发展淀粉基原料加工产业，制备生物可降解材料及包材，绿色环保、无污染，延长产业链条，提高产品附加值。

建设布局：位于城区北部产业功能区的东部，规划经五路、规划纬三路、规划经九路、规划纬一路合围的区域。

（6）物流配送产业。

建设内容：依托东方食品城内今麦郎集团物流公司和河北庚浩物流有限公司，开展隆尧县农产品加工制品的集现代物流、仓储、货运、商务、信息于一体的综合性物流配送建设。主要建设内容为仓储、信息楼、零担货运楼及其他配套设施。建设一流的标准化食品仓库群，区域性食品配送服务设施，标准化批发零售企业经营设施，食品流通信息服务设施，食品检测服务设施，食品数码分拣、智能包装和加工设施，食品装卸和运输设施。最终建设成为集现代物流、仓储、货运、商务、信息于一体的综合性物流产业，实现园区产品向全国 31 个省会城市和 165 个地级市的配送。

建设布局：位于城区南部产业功能区，今麦郎方便食品产业园和中小食品企业创业园之间，裕华路、邢德公路、规划经五路、商贸城东路合围的区域。地理位置优越，交通运输条件好，主要服务于所在园区的企业及相关工业类别的企业。

2. 地方特色食品加工区

建设内容：挖掘隆尧县当地有悠久文化历史、风味独特的特色小吃，开展地方特色食品加工区项目建设，提升隆尧县特色农产品的知名度，打造隆尧县特色品牌项目。

（1）隆尧羊汤。“隆尧羊汤”是当地最负盛名的传统特色小吃，被称为隆尧县第一名吃。采用优质肉羊为原料，精选几十种中药和调味料、慢火烹制而成。汤汁稠味浓，不腥不腻、鲜香可口，回味良久。目前，在隆尧县已经形成“隆尧羊汤”特色产业一条街，各类以羊汤为特色的餐饮摊点已达上百家，促进当地农民就业、带动屠宰及肉食加工等产业发展。下一步的建设重点是打造“隆尧羊汤”产业链条，推动“隆尧羊汤”品牌战略建设。隆尧县政府要积极开展招商引资，并协助企业为“隆尧羊汤”申报隆尧当地地理商标认证和省部级名优产品申报等相关事宜，进一步提升“隆尧羊汤”知名度，将“隆尧羊汤”打造成隆尧特色食品的品牌名片。在产业经营和规划上，进行现有资源整合，打造供、产、销一体化全产业经营模式，建立规模化专用原料养殖基地和屠宰基地，带动当地肉羊养殖户和屠宰企业标准化、规模化发展；将传统工艺进行改进提升，实现加工技术标准化、规范化，保障产品统一性、独特性，加强产品卫生保障和质量安全。引进龙头企业实施品牌战略和连锁经营模式，将“隆尧羊汤”推向市场，2 年走出邢台，5 年连锁店开遍河北乃至全国，让更多的人品尝到“隆尧羊汤”的纯正风味，领略“隆尧羊汤”的文化底蕴。

（2）魏庄熏鸡。“魏庄熏鸡”在隆尧县文化历史悠久，从原料鸡、汤底、卤料等选择到熏制工艺均十分讲究，制作上独树一帜，产品风味独特，深受当地人喜爱。但主要以门店形式进行生产，卤料配方、熏制工艺不统一，产品以散装形式直接销售，无包装，保质期短，卫生安全难以保证。因此，下一步建设重点首先要将“魏庄熏鸡”项目列入魏家庄镇政府重点发展项目规划中，政府出面进行招商引资，并协助企业为“魏庄熏鸡”申报地理商标认证，打造魏庄地理标志产品。在项目经营发展上需借鉴市场上“德州扒鸡”“周黑鸭”的产业模式，进行标准化、规模化、统一化经营和管理模式。将传统加工技术与现代技术装备相结合，引进现代生产设备，采用先进加工技术、包装手段，保证产品卫生安全、风味独特、一致性。具体经营管理上可采用“统一采购、统一生产、统一配送 、统一销售、统一形象”的“六统一”连锁经营模式和“质量第一、服务至上、保持特色、持续发展”的管理模式，逐步在邢台市、河北省乃至全国建立直营店和加盟店，完成魏庄烧鸡从隆尧走向全国的战略布局。

（3）丘底素叠。素叠是隆尧县的特产和传统小吃之一，以优质面筋、葱姜蒜、海带等为原料加工而成，主要以手工制作、街头贩售为主。目前，隆尧县素叠已申请注册“丘底”商标，已经形成“厂家+基地+农户”的模式，开展规模化生产，年加工量达到1 000余吨，年收益 50 余万元，带动1 000多户农民致富。下一步，将重点开展扩大规模建设项目，进一步开展规模化、标准化生产，实行生产专业化、管理企业化、销售市场化，提升产品质量安全，推进技术创新，加强品牌建设，与农户建立完善利益联结机制，带动更多农民增收致富。同时，隆尧镇政府积极开展素叠申报中华老字号、省部级名优产品等工作，为“丘底素叠”申报地理商标认证，进一步提升产品知名度。推广销售商，可依托隆尧县“阿里巴巴农村淘宝项目”开展素叠电商网络布局和线上推广，将“丘底素叠”推广到全国各地，并联合隆尧县美丽乡村和休闲旅游将“丘底素叠”作为旅游特色产品进行推广。

建设布局：隆尧羊汤建设项目主要布局隆尧县，魏庄熏鸡建设项目主要布局在魏家庄镇，丘底素叠建设项目主要布局在丘底村。

3. 农产品初加工产业

建设内容：建设以仓储及初加工为主的农产品初加工基地，主要包括 4 个农产品初加工基地，分别是粮食类初加工基地、畜禽类初加工基地、鸡腿大葱初加工基地和林果类初加工基地。

（1）粮食类初加工基地。主要以小麦、玉米加工为主，主要从事小麦籽粒仓储和面粉加工，玉米的贮藏、脱粒及初级产品加工（玉米粒、玉米糁和玉米粉面等）。

（2）畜禽类初加工基地。主要包括畜禽肉类和蛋类两部分建设内容。畜禽肉类初加工以畜禽屠宰、分割肉、冷藏、冷冻、分级和包装为主；蛋类初加工以鲜蛋的洁净、分级、冷藏和包装为主。

（3）隆尧大葱初加工基地。主要包括隆尧大葱的仓储、分级包装和干制加工三部分建设内容。仓储建设是本加工基地的重点建设内容，主要建设隆尧大葱的常温和低温仓储库，实现隆尧大葱的错季和反季销售，延长产品销售期，提高产品价格，真正促进农民增收。此外，开展隆尧大葱的适度清洁、分级和包装等初级加工，提升产品档次，促进产品价值提升。最后，当地具有一定实力的合作社可适度开展隆尧大葱的干制加工，丰富产品类型，延长产品销售链条。

（4）林果菜类初加工基地。主要以冷藏、分级和干制等加工为主。项目主要分布在隆尧县优势林果菜农产品生产基地附近，结合农产品产业布局和产业化经营模式，实现当地优势林果菜类农产品的仓储、净化、休整、分级、加工、包装等初级加工处理。初加工基地规模主要依托当地种养殖原料基地农产品的资源，随着林果菜基地不断扩大和农产品产量提升，4 个农产品仓储初加工基地带将呈现出逐步扩大和动态拓展发展趋势。

建设布局：粮食类初加工基地主要分布在中部的种养加板块，主要包括滏阳河西部的平原区；畜禽类初加工基地主要分布在赵辛线畜禽养殖带，主要在尹村镇、山口镇、东良乡、北楼乡和隆尧镇5个乡镇，赵辛线两侧；隆尧大葱初加工基地主要分布在隆尧大葱产业带，包括山口镇和隆尧镇和沿泜河两侧附近；林果类初加工基地主要分布西部林果经济板块和东部农林牧复合板块，包括尹村镇、双碑乡、东良乡、山口镇四个乡镇和滏阳河以东的牛桥乡、千户营乡、莲子镇镇3个乡镇的部分村。

（四）投资及综合效益分析

1. 投资估算

隆尧县农产品精深加工产业工程投资概算如表5-13所示。预计总投资713 500万元，资金来源以企业投资为主导，政府基础建设和财政项目投入为辅。其中，农产品精深加工园区建设项目投资622 000万元，地方特色食品加工区建设项目投资11 500万元，农产品仓储及初加工基地建设项目投资80 000万元。

表5-13　产业重点项目与投资　　单位：万元

序号	项　目	2016年	2017年	2018年	2019年	2020年	总投资
1	农产品精深加工园区	152 000	142 000	134 000	117 000	77 000	622 000
2	地方特色食品加工区	2 500	2 500	2 500	2 000	2 000	11 500
3	农产品仓储及初加工基地	25 000	25 000	15 000	15 000		80 000
	合计	184 500	174 500	146 500	129 000	79 000	713 500

2. 经济效益估算

隆尧县粮食产业工程经济效益估算如表5-14所示，预计经过5年建设后，隆尧县农产品精深加工产业工程每年可产生经济效益3 780 000万元。其中，农产品精深加工园区建设项目投资收益3 580 000万元，地方特色食品加工区建设项目投资收益分别为80 000万元，农产品仓储及初加工产业基地建设项目投资收益120 000万元。

表 5-14　经济效益估算　　单位：万元

序号	项目	2020 年	2025 年
1	农产品精深加工园区	3 580 000	5 500 000
2	地方特色食品加工区	80 000	100 000
3	农产品仓储及初加工产业基地	120 000	160 000
	合计	3 780 000	5 760 000

3. 社会效益及生态效益

农产品加工是现代农业的重要组成部分，通过前延后伸促进和带动农业的一二三产业融合发展。农产品精深加工工程建设完成后，隆尧县将形成农产品加工产业高度集聚发展态势，其加工企业多、产业规模大、品牌优势明显、带动力强的优势将辐射带动周边农业高效生产和休闲农业发展，对于提升原料基地的现代化农业经营水平、调整当地农业产业结构、加快现代农业建设步伐和实现农业提质增效和农民增收等具有实际意义。

农产品精深加工工程建设过程中，实施规模化、集约化的加工产业集聚，吸引和鼓励环保型、高新技术企业入驻加工园区，对于保护隆尧县当地生态环境、实现资源合理配置、提升产业可持续发展能力具有良好的生态效益。

五、精品林果产业

（一）现状与问题

1. 发展现状

截至 2015 年年底，隆尧县果树栽培面积达 2. 57 万亩，结果面积 1. 70 万亩，年产果品 5. 51 万吨。全县各镇均有果树种植，但按种植面积大小，相对集中在 3 个优势区：一是双碑乡、东良乡、尹村镇，形成 1. 02 万亩核桃产业区，以薄皮核桃种植为主，经济效益较好；二是牛家桥乡、千户营乡、隆尧镇，形成 0. 97 万亩苹果产业区，主要采用“合作社+基地+农户”的运行模式，主栽品种国红苹果，已注册“隆红蜜”商标，产品被评为全国优质放心农产品、中国绿色环保健康优质名牌产品、获得河北省科技成果奖；三是北楼乡、魏家庄镇、牛家桥乡，形成 0.50 万亩梨产业区，主要为传统鸭梨系列品种。详细现状见表 5-15。

2. 存在问题

隆尧县果品生产中存在的问题：一是现有的果树品种过分单一，不适应市场对品种多样化和产品优质化的需求，未能合理利用隆尧县的区域优势进行果品生产及果品产业链的开发；二是果树老、劣、杂品种多，名、特、优品种少，栽培技术及管理模式落后，果品质量差，经济效益低；三是果品未能根据市场需求分级销售，制约着经济效益的提升；四是生产销售标准化程度有待提高，品牌效应未能充分发挥。

（二）建设思路与目标

1. 建设思路

稳定现有果园面积，调整种植结构，扩大优质林果比例，加快林果业标准化和果园基础设施建设。在规模扩大的同时，注重品质的改善，促进林果业由数量型向质量型转变；加快农业产业化发展，推进果品分选包装和保鲜贮藏配套设施的建设，提高隆尧县果品的深加工能力和附加值；推进果品种植与观光农业和生态建设的结合；建成技术服务体系、果品加工体系、市场营销体系，在林果三大优势产业区的基础上扩大规模、打造亮点，带动周边区域林果业的发展。

2. 建设目标

（1）总体目标。根据隆尧县林果产业的发展思路，未来几年内将重点发展核桃、苹果和梨产业，发展设施果树，着手发展品牌化特色农业、全域化景观农业、精致化休闲农业，注重培养技术人员，使隆尧县逐步形成果品产业区域化、精品化、品牌化和产销一体化的新格局。

到 2020 年，全县林果总面积增加到 5 万亩，总产量增加到 9 万吨，实现年经济效益31 500万元（表 5-15）。

表 5-15　隆尧县 2015 年林果生产统计情况

单位	合计		苹果		梨		桃		枣		核桃	
	面积（亩）	产量（吨）	面积（亩）	产量（吨）	面积（亩）	产量（吨）	面积（亩）	产量（吨）	面积（亩）	产量（吨）	面积（亩）	产量（吨）
隆尧县	25 710	55 083	9 660	27 346	4 995	25 758	735	1 364	75	318	10 230	300
隆尧镇	3 945	9 255	1 515	4 260	960	5 176	120	200	30	125	1 320	30
山口镇	2 535	8 470	1 500	4 230	810	4 040	150	200			75	
双碑乡	3 975	171									3 975	171
东良乡	1 530	2 300	750	2 030	30	210					750	60
固城镇	75										75	
北楼乡	2 205	8 900	570	1 560	1 635	8 340						
魏家庄镇	1 650	6 069	525	1 470	810	4 129	300	470			15	
莲子镇镇	3 255	9									3 255	9
牛桥乡	3 105	8 735	3 000	8 396			75	214	30	125		
张庄乡	30	15							15	68	15	
尹村镇	730	1 056			210	828	45	180			450	30
千户营乡	1 845	4 815	1 500	4 560	45	255					300	
柳行农场	840	3 720	300	840	495	2 780	45	100				

（2）具体目标。建成2万亩核桃产业带，引进薄皮核桃新品种，林果兼用核桃品种，生产优质薄皮核桃和提供优质核桃木材。建设高效苹果示范园，扩大苹果种植面积达到1.5万亩，丰富品种类型，引进早、中、晚熟优良新品种。采用分级包装走中高端市场，提高经济效益。建成高效梨生产示范区，对老旧梨园进行升级改造，扩大玉露香梨优良梨品种基地面积，达到0.8万亩。新建设施果树种植基地，发展反季节温室果树种植500亩，其中日光温室100亩、塑料大棚400亩，丰富反季节果品市场，拉长果品供应期，增加经济收益（表5-16）。

表5-16　2020年隆尧县林果业发展目标　　单位：亩

序号	项目	目标
1	薄皮核桃	15 000
2	林果兼用核桃新品种	5 000
3	国红苹果	15 000
4	精品梨园建设	8 000
5	旧梨园改造	3 500
6	设施果树	500
7	其他	3 000
8	总计	50 000

（三）重点项目与建设规模

1. 核桃产业带

项目内容：核桃产业带占地2万亩，主要由三部分构成，介绍如下。一是建设绿色优质核桃生产基地1.5万亩，以薄皮核桃标准化生产基地建设为重点，大力推行绿色薄皮核桃生产。在现有香玲、辽系品种的基础上，引进核桃新品种，提高核桃生产效益。全面推行实施核桃矮化早果技术、核桃标准化栽植和管理技术，力争在全县实现核桃标准化管理技术全覆盖。二是结合观光农业项目，依托红沙峪现有资源，以核桃为主题、山楂为辅助、海棠为景观，建设核桃景观示范基地。三是引进林果兼用核桃新品种，在适宜地块推广种植0.5万亩，改变经济林产业结构，多渠道、多方式创造可观的经济效益。

项目布局：尹村镇、东良乡、双碑乡、山口镇等核桃种植重点村。

2. 高效苹果产业示范园

项目内容：高效苹果产业示范园占地1.5万亩，由两个部分组成，一是高效苹果生产区，采用先进的种植技术、高效的节水灌溉设施。采用细长纺锤形树体整形技术、绿色防控技术、节水灌溉及水肥一体化技术等高效的管理措施。引进早、中、晚熟优质品种，改变品种单一、集中上市的现状。二是果品分拣包装区，占地10 000平方米引进一条苹果分级、清洗、打蜡、包装流水线。使梅庄苹果逐步形成标准化果品生产模式，同时依托电商平台形成特色的生产销售模式，逐步走向高、中端市场。

项目布局：牛家桥乡、千户营乡苹果种植重点村。

3. 高效梨园生产示范区

项目内容：高效梨园生产示范区由两个部分组成，一是旧梨园改造为优质梨园生产基地。对现有的老旧梨园采用新品种高接换头改造成3 500亩优质梨园生产基地。引进红梨品种、玉露香梨系列品种。采用综合配套栽培技术和病虫害防控技术。二是玉露香梨生产示范基地建设，建成一个0.8万亩玉露香梨标准化示范基地。玉露香梨是由山西省农业科学院果树研究所以库尔勒香梨为母本、雪花梨为父本杂交选育而成，具有适应性强、对土壤要求不严、丰产稳产耐贮藏的特性，是一个优质中晚熟红梨品种。通过该基地辐射带动全县玉露香梨的发展，促进隆尧县梨产业提档升级，实现农业增效果农持续增收。

项目布局：牛桥乡梨树种植村、北楼乡梨树种植村。

4. 设施果树种植基地

项目内容：设施果树种植基地占地500亩，主要种植草莓、葡萄。草莓种植100亩，采用温室大棚种植模式，主要用于礼品配送和观光采摘。葡萄种植400亩，采用塑料大棚种植模式，人为创造葡萄生长发育所需要的环境条件，实现定向栽培目标。通过设施栽培，能使葡萄植株提前萌芽抽梢和延后落叶休眠，从而达到提前成熟上市、一年多次结果、浆果延迟采收的目的，保证葡萄鲜果市场的周年供应。葡萄塑料大棚种植具有提高土地利用率、预防自然灾害、扩大葡萄种植区域以及投资回收期短、资金回报率高，经济效益显著等诸多优点。

项目布局：牛桥乡、莲子镇镇。

（四）投资估算与效益分析

1. 投资估算

精品林果工程总共 4 个项目，总投资19 500万元，主要来源于项目资金、合作社或企业投资等，各个项目具体投资见表 5-17。

表 5-17　重点项目投资估算　　单位：万元

序号	项　目	2016 年	2017 年	2018 年	2019 年	2020 年	总计
1	核桃产业带	2 000	2 000	1 500	1 000	1 000	7 500
2	高效苹果产业示范园	1 500	1 500	1 500	1 500		6 000
3	高效梨园生产示范区	1 500	1 500	1 500	500	500	5 500
4	设施果树种植基地	100	100	300			500
	合计	5 100	5 100	4 800	3 000	1 500	19 500

2. 效益分析

经济效益：精品林果建设工程项目建设将给隆尧县农村经济带来显著的直接经济效益。一方面增加就业、带动农民致富，2 万亩核桃产业带建成绿色优质核桃生产基地，年收益达6 000万元，核桃景观可以吸引游客，休闲娱乐，餐饮服务每年可创造利润1 000万元；林果兼用新品种示范基地的建成，在提供核桃产品的同时进行核桃木材的生产，每年可创造利润1 000万元；精品梨生产区达 1. 1 万亩，年收益8 000万元。具体收益见表 5-18。

生态效益：项目建成后将显著提高隆尧县林木覆盖率，扭转水土流失的局面，提高项目区的生态环境质量，促进农业生产的可持续发展。到 2020 年，绿色将环抱着隆尧县，实现“城在林中”“路在绿中”“房在园中”“人在景中”的图景。

社会效益：优质果品产业基地建设，将推动果品加工、果品营销、仓储物流等产业的发展，促进农村产业结构的调整，增加就业机会，实现剩余劳动力的转移。

表 5-18　经济效益估算　　单位：万元

序号	项目	2020 年	2025 年
1	核桃产业带	8 000	10 000
2	高效苹果产业示范园	13 000	15 000
3	高效梨园生产示范区	8 000	9 500
4	设施果树种植基地	1 500	2 000
	合计	30 500	36 500

六、美丽乡村与休闲农业

（一）发展现状与问题

1. 发展现状

隆尧县以“民居改造、基础设施配套、公共服务提升”为美丽乡村建设主要内容，以 15 件实事为抓手，大力健全基础设施，完善公共服务，改善农村生产、生活环境，全力推进农村面貌改造提升。从 2012—2015 年，已完成 70 个村的美丽乡村改造。

隆尧县的休闲农业还处于点—点离散发展阶段，旅游规模小，旅游地零散分布，未形成商品化发展。这一阶段的主要特征是旅游目的地区域空间狭小，与域外联系松散；旅游项目有限，景观单调，综合吸引力低；客源地市场仅具有近域游客吸引性，且较为脆弱，易受外界因素影响，波动明显。据调查，隆尧县目前有尧山、红沙峪、泽阳园、荷塘月色等景点吸引近域游客，观光游客 5 万人次，旅游收入不足 500 万元。但隆尧县有悠久的历史，丰富的旅游资源，柏人城、李昙家族墓群、尧山、东方食品城、梅庄、泽阳园、玉露香梨采摘园、绿风园林等资源和隆尧羊汤、魏庄熏鸡等特色地方食品都具备发展休闲农业旅游的潜力。

2. 存在问题

美丽乡村建设参与部门多，组织协调难度较大；政府主导有余，市场机制和社会力量的作用发挥不够，农民参与不足；重在硬件设施的建设、公共文化服务的改善、生态环境的优化，而农村产权制度改革、乡村社会治理机制改革等“软件”建设不同步。

隆尧县尽管农业资源丰富，但要发展休闲农业也面临一些问题。一是缺乏水体景观。二是乡村特色不浓。开阔的田园风光、地方的土特产品、参与的农事活动、鲜美的农家小吃、独特的乡村风情、直感的返璞归真是乡村的魅力所在。然而，隆尧县现有休闲农业的点都缺乏对这些方面的深度挖掘，没能充分体现其乡村特色。三是缺乏文化渗透。休闲农业不能只停留在观赏、采摘的表象繁荣上，必须挖掘民族文化中丰富的内涵。隆尧县的尧山文化和李唐文化底蕴深厚，可供休闲农业开发和利用，但隆尧县一些文化古迹如柏人城、李昙家族墓群和尧山等都未开发，这制约了休闲农业的深度发展。四是旅游基础设施建设缓慢。交通线路、通信设施、公共卫生等条件基本具备，但与“大旅游”对基础设施的要求还有差距，景点游、购、娱、食、住、行六大旅游要素不配套，尚不能满足游客的消费要求，要进一步加快策划和建设。

（二）建设思路与目标

1. 建设思路

根据分区控制的原则，通过对隆尧县村庄自然条件、地理位置、经济发展水平、人口规模、生产生活环境等分析研究，隆尧县美丽乡村建设按东西部差异化的发展策略进行村庄布局与建设实施。休闲农业按照“以农为本、历史注魂、突出特色、规范管理、政府引导、持续发展”的原则，依托隆尧县历史人文景观、特色农作物种植，开展全国休闲农业与乡村旅游示范点的申报与创建，拓展农业观光、休闲、娱乐、体验、教育、度假、养生等功能。促进产业集聚发展，培育特点突出、规模较大的休闲农业示范点。促进产业融合发展，通过建设一批花卉产业、果蔬产业和加工业带动型的休闲农业项目，进一步加强农业、加工业与旅游业一体化融合发展。促进产业品牌化发展，通过特色园区的打造、荷塘月色嘉年华的推广、特色休闲食品的开发，打造一批有市场影响力的休闲农业产品和品牌。促进产业前沿化发展，将养生理念融入体验农业之中，使人们不但能享受到田园景观，更能在游憩中进行康体保健。

2. 发展目标

（1）总体目标。结合美丽乡村建设工程，全力打造柏人文化园区、尧山旅游区、泜河生态涵养及综合开发工程、荷塘月色嘉年华，搭建休闲农业发展公共服务平台，开发隆尧羊汤、魏庄熏鸡、丘底素叠等特色休闲食品，创建红沙峪和梅庄两个全国休闲农业与乡村旅游示范点，打造一批有市场影响力的休闲农业品牌，推进休闲农业产业化发展，促进一二三产业融合发展。

（2）具体目标。2020 年，全县 50%以上的村建成美丽乡村；初步形成布局合理、设施先进、特色明显的休闲观光区，梅庄和红沙峪建成为全国休闲农业与乡村旅游示范点，完成接待游客突破 10 万人次、休闲农业年收入超过 4 000万元。规划具体指标见表 5-19。

表 5-19　休闲农业规划具体目标

总体指标	具体指标	2015 年	2020 年
美丽乡村	改造行政村数（个）	70	140
产出指标	年观光人次（万人）	不足 5	10
	年收入（万元）	不足 500	4 000
农业经营目标	农家乐（个）	40	50
	休闲农庄（个）	5	10
	采摘园（个）	7	10
	农业科技园（个）	18	25
示范指标	全国示范点（个）	0	2
	省级示范点（个）	0	5
	示范村（个）	0	3

（三）产业布局与重点项目

美丽乡村建设确定村庄结构为“五区、四轴”。即古文化风貌展示片区、都市农业观光片区、设施农业展示片区、泽畔莲藕风情片区和四条城乡发展轴线。休闲农业总体布局是“两园一带多点”。两园：柏人文化旅游园区、东方科普教育旅游园区。一带：泜河生态涵养带。多点：荷塘月色、梅庄、尧山旅游区等。

1. 美丽乡村建设项目

大力推进“五改四美”：改房、改水、改路、改厕、改厨，做到环境美、产业美、精神美、生态美。2016 年，将梅庄打造成以梅庄苹果为主的苹果文化小镇，将小孟打造成蔬菜小镇，在双碑村、里边街、里南庄、里王街开展老街与古民居修缮，融入李氏文化、民俗文化打造成以李氏文化为主题的历史文化小镇。到 2020 年，共打造 30 个特色小镇。东关、南甫等 34 个撤并类村庄要进行撤村改居；尧北里、里边街等 116 个保留类村庄控制村庄规模不再扩大，进行环境整治和面貌改造提升；泽畔、尚礼等 56 个中心类村庄作为今后永久保留居民点，逐步建设成为中心村；干言村、尧山村等历史文化名村类村镇应尽可能保护县内传统风貌，争取逐步列入历史文化名镇、名村保护名录。主要进行安全饮水、污水治理、街道硬化、无害化卫生厕所改造、清洁能源利用、“三清一拆”和垃圾治理、村庄绿化、特色富民产业、电商平台建设、乡村文化建设、基层组织建设等专项行动。

2. 泜河生态涵养及综合开发工程

泜河养生带主要建设内容包括后周文化主题森林公园、历史文化展示区、滨水休闲区、象城湖水上公园、生态廊道。

后周文化主题森林公园：位于尧山口至南潘庄一带，总长 3 000米，水面宽 25~70 米，岛屿东西约 2 200米，南北约 720 米。以主环路为游览路线，一方面表现原生态的自然景观，另一方面展示后周文化。建设林下的生态环境，修建车道、林间小木屋、郊野露营地、餐饮生态屋、小型烧烤广场、休憩凉亭、休憩座椅以及相应的基础设施，将其打造成独具一格的乡野休闲主题公园。

历史文化展示区：位于县城西郊的南潘庄至县城太行路一带，总长 2 800米，水面宽 35~150 米。该区以表现隆尧县悠久的历史变迁为主，选取柏人城、唐祖陵、后周太祖郭威、柴荣等历史人物的故里为主线，串联起历史文化遗迹及相关景点。河道两岸建设两座具有历史元素的景观桥，以利交通连接。该段的景点主要有柏人广场、石刻广场、亲水广场、雨水湿地、水乡度假村等。

滨水休闲区：位于县城太行路至南郝公路之间，总长 1 900米，水面宽 100~220 米。在滩地的较窄部分，设置亲水步道，并以景观桥连接两岸，为居民提供民俗表演、体育健身、日常休闲的场所。主要景点有露天剧场、亲水台阶、景观桥、木栈道等。

象城湖水上公园：位于象城街北端，毗邻规划中的会展中心，总长 2 500米，水面宽 50～700 米。对该区域进行扩挖，形成与城市景观轴线相协调的湖面场景。该公园以表现城市文化为主，为游客提供会展、游乐、观光、消费等多方位服务。主要景点有迎宾广场、亲水广场、垂钓园、木栈道等。

生态廊道：位于宁鸡线至柳行农场一带，总长1 800米，水面宽 30～40 米。景观以绿色为主，主要包括堤顶绿化路、滩地绿化园。引进红枫、美人梅、白蜡、银杏、紫薇、国槐、丁香、紫叶桃、红叶李等，形成形态各异、色彩丰富的绿化观赏苗圃。重点是打造“绿树成荫”的景观效果，滩地绿化园主要是营造“花田草海”的客观意境，从而把泜河沿线打造成一条绿色生态长廊。

3. 柏人文化旅游园区

柏人文化旅游园区重点建设“一带两环”，“一带”指建设项目有红沙峪综合体验园、如山林下休闲观光园、腾凤蔬菜采摘体验园。“两环”指建设项目有民俗风情街、观赏花卉培育基地。

红沙峪综合体验园：总占地面积约8 720亩，布局在红沙峪，包括核桃高效生产示范园、设施果树生产区、荷花苑、薰衣草庄园、核桃主题馆、农家乐。

如山林下休闲观光园：总规模1 000亩，建筑占地约1 200平方米，布局在如山科技园。林下种植食用花卉，并在林下散养柴鸡，提供游客鸡蛋捡拾体验。开设森林餐厅，也为情侣提供浪漫的度假场所，打造千亩林下休闲观光园。

腾凤蔬菜采摘体验园：总规模约 300 亩，建筑占地约1 200平方米，温室占地 300 亩。重点生产适宜观赏采摘类蔬菜，既能进行反季节供应，又能供游客观光采摘。品种有彩色甜椒、迷你小黄瓜、布里塔长紫茄、结球生菜、红菜花、樱桃萝卜、观赏南瓜等。

民俗风情街：总规模 100 亩，位于两环相交处；主要由纺织展示区、农耕文化大院、民俗博物馆、游客服务区四部分组成。

观赏花卉培育基地：规划面积 100 亩，位于柏人城遗址周围，主要引进、繁育国内外名新特优花木，开发乡土树种。主要有桂花、月季、金盏菊、矮牵牛等。

4. 东方科普教育旅游园区

重点美化加工园区及沿河观光带，形成企业化运作方式为基础，农业科研、教育和技术推广单位作为技术依托，农业观光旅游为纽带，把园区打造成隆尧县的休闲加工观光科普基地。重点建设项目有循环水系游园、今麦郎成果展示及工业旅游园、休闲观光体验园。

循环水系游园：布局在东方食品城北侧，打造10千米循环水系游园；在浅水区栽植莲藕、芦苇等水生植物，打造水体景观；沿水系选节点栽植小浆果类的林果新品种进行种植展示及示范推广，开展休闲采摘及科普教育活动，将其打造成为一个科普观光游园。

今麦郎成果展示及工业旅游园：布局在东方食品城。结合今麦郎集团现有生产车间、生产工艺打造观光廊道，挖掘集团企业文化和制面历史，建设面食展览馆；定期举办农产品加工会展活动，以促进加工企业的宣传。

泽阳园休闲观光体验园：总规模300亩，布局在泽阳园，打造一个农家动物园，选一些比较温顺的畜禽，实行放养或半放养，让游客充分与那些动物亲近、喂食、合影拍照，训练别具特色的小动物进行表演。引进乌鸡、绿壳蛋鸡、贵妇鸡、七彩山鸡及红头鸭等特禽种类，在原有的300多亩观光苗木林进行小规模林下养殖。

5. 尧山文化旅游聚集区

尧山旅游区位于山口村，依托隆尧丰富的尧山文化资源和历史遗迹资源，重点打造以“唐尧圣地、李氏故里”为主题的文化旅游聚集区，建设内容包括摩崖石刻、农事主题狂欢乐园、农家乐、百花园等部分。

摩崖石刻：通过山石艺术展示尧山文化，做成全国最具影响力之一的山石艺术主题园。要体现历史文化，如恢复重建唐代的摩崖石刻。石头雕刻、石艺小品忌讳大量的堆砌，应有序分布于园区内，引导游客在欣赏石艺时了解历史文化。石艺作品按历史顺序分块排列，即隋唐、五代、宋元、明清、现代。在该区域适宜的崖壁上可市场化运作石窟开凿的项目。

农事主题狂欢乐园：规划面积50亩。乐园突出“农味农趣”和“童年记忆”两条主线，设计充满参与性、趣味性、体验性、互动性和娱乐性的游艺活动，包括农家赛车、果蔬连连看、木桶挑菜、植物大战僵尸、手搓玉米棒、小白兔拔萝卜、土里刨食的“农趣农乐”农事体验项目，以“耕犁滑梯、拖拉机攀爬、踏水车、踩太阳、跷跷板、藤蔓秋千、旋转木马”等娱乐设施吸引亲子活动。还可在体验区里体验石磨面粉、石碾脱粒、石臼舂米、风车挑米、手工脱粒、石磨豆浆等农产品加工过程，以及参与五谷贴画、DIY 草编、崩爆米花、农家剪纸等游戏体验。

农家乐：开发乡村休闲，营造山水乡村的氛围，创建自然健康的农家乐环境。鼓励附近村民在此开展经营活动，利用传统的农具、生活用品，配以相应的劳动图片来展示新农村的生活方式。村民在布艺、草编、针线活、民俗用品等手工制品方面，可现场制作和就地销售，吸引游客在此住宿、用餐，逐步形成集吃、住、行、参观欣赏、水果采摘采购为一体的艺术乡村环境。

百花园：占地 100 亩。打造以月季为主、其他花卉为辅的百花园，形成“花意渐浓百花香，花团锦簇百花园”的景象。园中栽植草本、木本及水生花卉，注重花卉色彩搭配、花期搭配、花型搭配、植株搭配。增设花卉长廊及花雕，增加赏花的艺术品位。

6. 梅庄苹果园

打造以苹果、中草药为主的农庄，位于牛家桥乡梅庄村，占地 70 亩，依托规划建成万亩的苹果园和苹果栽培主推技术的展示，围绕苹果主题，对园内景观进行集中改造，并在苹果的树间种植中草药，设计成移步换景、曲径通幽的效果，建设游客住宿区和生态餐厅，配合苹果汁，研制开发滋补饮品。并举办苹果文化节，将该区建成集吃住行游购娱于一体的苹果养生农庄。预计投资 1 000万元。一是提升改造果园景观，预计投资 100 万元；二是建设苹果文化及品种展示厅，预计投资 500 万元；三是建设游客休憩区，预计投资 300 万元；四是举办苹果文化节：将苹果文化节插上互联网的翅膀，将采摘活动搬上“微平台”，推出“微采摘活动”，在网上搭建了苹果电子商铺，市民不出家门，便可买到新鲜的梅庄苹果。采摘旺季举办骑行俱乐部观光采摘、车友会赏秋采摘、吃苹果比赛等活动。预计投资 100 万元。

7. 荷塘月色嘉年华

在荷塘月色设置趣味性、参与性、科普性及互动性强的互动体验活动，让游客在娱乐的过程中体验采摘等农业乐趣，包括瓜样年华、果蔬探秘、草莓诱惑、灯光之旅等项目；打造展板式科普走廊，以图文并茂的形式介绍农业科普知识、农耕文化等农业高科技应用的发展前景；建一栋气雾栽培高科技温室，向游客展示蔬菜水果无土立体栽培模式，突出展现隆尧县农业的科技含量；举办隆尧美丽乡村摄影大赛，将优秀获奖作品，进行展出，让游客欣赏感受隆尧的田园风光；推广微信服务平台在嘉年华的应用，有利于扩大荷塘月色的知名度。预计投资200万元。

8. 休闲特色食品开发

着重开发隆尧县地方特色食品如“隆尧羊汤”“魏庄熏鸡”“丘底素叠”等作为隆尧县休闲旅游特色食品。使隆尧特色饮食文化的开发与休闲农业的发展相互促进。第一，申报“隆尧羊汤”“魏庄熏鸡”“丘底素叠”地理商标认证、省部级名优产品等，提高其档次。第二，建立“隆尧羊汤”连锁经营公司、“魏庄熏鸡”企业集团等企业，将品牌做大做强。第三，根据岐山擀面皮、云南过桥米线等特色饮食的发展经验，政府、企业、经营者可以充分挖掘、整理各种有关人物事迹的历史传说等，将原汁原味的特色饮食提供给游客的同时，提供边听（听故事）、边看（看原料、工序）、边尝（尝味道）、边思（思意蕴）的参与式服务，使游客乐在其中。第四，结合隆尧的农家乐、休闲农庄的打造，将其推广为隆尧旅游必点食品，并作为一些节庆的主推食品，以扩大其影响力。预计投资250万元。

（四）投资概算与效益分析

1. 投资概算

美丽乡村与休闲农业建设工程总共7个项目，总投资13 410万元，主要来源于企业投资，各个项目具体投资见表5-20。

表5-20　重点项目投资估算　　单位：万元

序号	项目	2016年	2017年	2018年	2019年	2020年	合计
1	美丽乡村	—	—	—	—	—	—
2	泜河生态涵养及综合开发	200	700	700	700	700	3 000
3	柏人文化旅游园区	300	1 210	1 950	3 300	800	7 560
4	东方科普观光旅游园区	55	160	85	50	50	400
5	尧山文化旅游聚集区		150	450	400		1 000
6	梅庄苹果园	100	600	300			1 000
7	荷塘月色嘉年华		50	50	50	50	200

（续表）

序号	项目	2016 年	2017 年	2018 年	2019 年	2020 年	合计
8	休闲特色食品开发	50	50	50	50	50	250
	合计	705	2 920	3 585	4 550	1 650	13 410

2. 效益分析

生态效益：休闲农业工程建设，立足于社会、经济、生态三位一体的协调发展，基于生态环境保护，拓展农业的多功能性，美化乡村环境，促进农业和农村经济的可持续发展。

社会效益：项目建成后，可直接安排就业人员 2 000人以上，间接带动5 000名农村剩余劳动力转移。还可以优化农业资源配置，促进农业产业结构调整。推进休闲农业工程建设必将优化农业资源配置，对产业结构和农村经济发展格局产生根本性影响，并对今后农业和农村经济的发展产生重大而深远的影响。

经济效益：其中柏人文化旅游园区、东方科普观光旅游园区经济效益概算见园区详情，尧山文化旅游聚集区、泜河生态涵养及综合开发、梅庄苹果园、荷塘月色嘉年华、休闲特色食品开发几个项目效益是根据每个项目约产生的旅游人次与人均消费水平的推算所得。具体情况见表 5-21。

表 5-21　经济效益估算　　单位：万元

序号	项目	2020 年	2025 年
1	美丽乡村	—	—
2	泜河生态涵养及综合开发	500	800
3	柏人文化旅游园区	6 450	8 150
4	东方科普观光旅游园区	300	750
5	尧山文化旅游聚集区	400	600
6	梅庄苹果园	100	120
7	荷塘月色嘉年华	400	800
8	休闲特色食品开发	100	200
	合计	8 250	11 420

七、生态环境保护建设工程

在大力发展农业生产的同时，注重生态环境保护，清洁生产，既要“金山银山”，也要“绿水青山”，在力争“农业强、农民富”的同时，努力实现“农村美”，打造“幸福隆尧”。积极实施各项生态环境保护建设工程，其中优先实施5项生态环境保护建设重点工程，开展一批环境保护试点示范。

（一）发展与挑战

1. 发展现状

“十二五”期间，隆尧县农业农村经济发展成就显著，现代农业加速发展，农业生态资源环境保护与建设的支持力度不断加大，农业可持续发展取得了积极进展。

（1）农业综合生产能力和农民收入持续增长。全县粮食种植面积115万亩，总产达到52万吨以上，连年丰产。2012—2014年连续三年被评为全国粮食生产先进县，为国家粮食安全做出了卓越贡献。棉油糖、肉蛋奶、果菜鱼等农产品稳定增长，市场供应充足，农产品质量安全水平不断提高。农民收入持续较快增长，从2009年的4 898元，上涨到2015年的9 510元。

（2）农业资源利用水平稳步提高。隆尧县人均耕地和水资源量均远低于全省和全国的平均水平。为应对水土资源紧缺状况，近年来隆尧县严格控制耕地占用和水资源开发利用，推广实施了一批资源保护及高效利用新技术、新产品、新项目，水土资源利用效率不断提高。全县严格按照基本农田保护条例有关规定，始终坚持基本农田的“五不准和六不报批”原则，切实保护了基本农田，确保了隆尧县作为河北省重要粮食产区的地位，为稳定全省农业生产和粮食安全提供了土地资源保障。农田灌溉水用量占总用水比重由2010年的86%下降到2015年的78%，有效利用系数提高到0. 65。

（3）农业面源污染得到有效控制。近年来隆尧县狠抓农业面源污染治理，通过制定下发《关于加强全县畜禽养殖场污染管理的规定》，对全县畜禽养殖场污染进行专项整治。同时，隆尧县还从推广有机肥、测土配方量身订制和合理用药防治病虫害等方面，实施农药化肥全面“双减”，减少化肥农药的面源污染。

2. 存在问题

在隆尧县农业农村经济取得巨大成就的同时，农业资源过度开发、农业投入品过量使用、地下水超采以及农业内外源污染相互叠加等带来的一系列问题日益凸显，生态环境面临重大挑战。

（1）水资源硬约束日益加剧，保障粮食安全的任务更加艰巨。隆尧县位于水资源缺乏和旱涝易发地带，多年平均水资源总量为7 024.8万立方米，其中多年平均地表水资源量1 018.2万立方米，多年平均地下水资源量6 243.2万立方米，人均水资源量仅为142.7立方米，仅为邢台市人均水平的2/3，相当于全国人均的1/30，远低于国际通行的人均500立方米极度缺水标准。随着国内粮食需求刚性上涨，水土资源红线越绷越紧，确保国家粮食安全和主要农产品有效供给与资源约束的矛盾日益尖锐。

（2）人地矛盾突出，耕地保护压力较大。全县农作物种植面积基本稳定在140万亩，人均耕地为1.7亩，重点建设项目、交通基础设施等工程建设不可避免地要占用耕地。同时，部分地区还存在土地闲置浪费的现象，造成耕地保护压力增大。

（3）森林覆盖率低，生态环境脆弱。2015年，隆尧县森林覆盖率仅为13.1%，农业生产抵御自然灾害能力低，土地生态环境脆弱，影响农业生产的可持续发展。

（二）思路与目标

1. 发展思路

以循环农业理念为指导，紧密结合农业主导产业，集成创新现代生态农业的典型技术与模式，逐步在全县范围内实现“一控两减三基本”的发展目标，打造出一批具有区域鲜明特色的现代生态农业生产基地，推动、引领现代生态农业发展。

2. 发展目标

“十三五”期间，应大力发展节水增效农业，加强农业生态环境治理，使用生物农药、高效低毒低残留农药和有机肥料，回收再利用农膜和农药包装物，加快规模养殖场粪污处理利用，治理和控制农业面源污染。推进形成资源利用最大化、废弃物排放最少化的循环农业方式，增强农业可持续发展能力。

（1）国家森林城市创建工程。到2018年年底，全县森林覆盖率达到30%以上，各项指标达到国家森林城市标准，2019年通过国家林业局验收。

（2）分区域规模化推进高效节水灌溉。到2020年，将农田灌溉水有效利用系数达到0.67，到“十三五”末，使全县80%以上的耕地实现节水灌溉。

（3）全面落实化肥农药减施工程。2019年实现农药施用量零增长。到2020年，测土配方施肥推广覆盖率达到80%以上，化肥利用率提高到35%，农作物病虫害统防统治覆盖率达到50%以上。

（4）重点实施畜禽养殖粪污处理。到2020年养殖废弃物综合利用率达到95%以上，规模化养殖场畜禽粪污基本资源化利用，实现生态消纳或达标排放。

（5）农作物秸秆综合利用。到2020年全县农作物秸秆得到全面利用，农作物秸秆综合利用率≥60%。

（6）农村居民饮用水与垃圾环境连片整治处理。到2020年，全县自来水普及率≥95%，村民饮用水卫生合格率100%。生活垃圾定点存放清运率100%，生活垃圾无害化处理率≥80%。

（三）建设内容与布局

1. 创建国家森林城市

到2018年年底，完成人工造林面积达到18.8万亩。重点实施通道绿化带拓宽工程、成片规模造林工程、村庄绿化工程、农田林网建设工程、县城绿化工程、生物多样性保护工程等。通过实施创建国家森林城市项目，进一步增加全县森林资源，构建生态安全屏障，改善城乡人居环境，增强全县综合竞争力，进一步提升隆尧县的形象与品味，为加快建设经济强县、美丽隆尧奠定基础。

2. 农业节水灌溉

以发展低压防渗管道、节水灌溉为重点，积极推广微灌、滴灌、喷灌等现代农业节水技术，完善灌溉用水计量设施，积极实施农业节水防渗项目、小型农田水利设施建设项目、增加小型微灌项目和小农水专项项目，大幅度提高农业灌溉水资源利用率。

（1）农业节水防渗。节水防渗是农业节水改造中的重要环节。渠道的渗漏水量不仅降低了水的利用系数，减少灌溉面积，还造成水资源浪费，增加农民水费负担。因此，发展节水农业，应首先开展农业节水防渗工作，加强渠道防渗，增强低压管道及防渗垄沟。利用小农水和地下水超采综合治理资金，项目计划投资9 500万元，在泜河以北、尧山以西灌区，安装低压防渗输水管道250万米，更新改造机井600眼，发展节水灌溉面积8万亩，其中喷灌、管灌各4万亩，大幅度提高农业灌溉水资源利用效率。

（2）小型微灌。总投资3 000万元，在位于西部“核桃产业带”上的双碑乡、山口镇、东良乡所辖的双碑、大崔、东崔、西崔、东小崔、西小崔等村，完成以微灌为主的节水灌溉面积达到2万亩。

（3）河渠连通工程。利用水利调控设施，蓄引各类水源充实末端渠系。投资1 600万元完成五至八干渠清淤及附属设施建设，实现河渠连通，使水源得到更广泛的利用。

3. 化肥农药减施

（1）测土配方施肥。投资1 000万元，在全县范围内新建50~100个完成测土配方施肥推广网点，分布于县域内各个乡镇，根据取土化验和田间试验，完善粮棉等大田作物施肥指标体系，逐步建立林果、蔬菜等园艺作物施肥指标体系。在此基础上，综合土壤肥料、作物栽培、种子以及肥料生产工艺等方面的专家意见，科学制定肥料配方。以种粮大户、家庭农场、农民合作社为重点，推动实现配方肥施肥全覆盖，带动配方肥大面积推广应用。

（2）农作物病虫害绿色防控技术推广。大力推广农作物病虫害绿色防控技术，减少农药残留，为生产绿色有机产品打下坚实基础。一是大力推进专业化统防统治和绿色防控，适时开展应急防治，确保小麦条锈病、赤霉病、蚜虫不大面积暴发成灾。二是采用生物药剂防治技术，玉米生物防螟面积达到总面积的80%以上。病虫危害损失控制在5%以内，赤霉病病穗率控制在5%以内、病粒率控制在1%以内、专业化统防统治率达到32%以上。

小麦条锈病、赤霉病、蚜虫专业化统防统治和绿色防控技术：小麦条锈病狠抓“带药侦查、发现一点、防治一片”，打点保面，严防大面积扩展流行；小麦赤霉病常发区坚持“预防为主、主动出击、见花打药”不动摇，确保做到防在发生流行前；蚜虫突出抓好“关口前移、压前控后”控基数，严防穗期暴发危害。大力推广自走式喷雾机、无人机等大中型高效植保机械，发展一批快速高效的病虫害防治服务组织。大力推进病虫统防统治与绿色防控融合，创建一批融合推进示范基地，加速集成、示范、推广全程绿色防控技术模式。

玉米螟生物防治技术：赤眼蜂对寄主及环境的选择性试验，赤眼蜂蜂卡的田间释放等操作技能的学习和培训。批量购买蜂卡或人工繁殖赤眼蜂的低温冷藏设备配备。频振诱杀灯的购置，田间安装以及相关操作技能培训等。生物制剂农药的选择与应用技能培训。

项目投资：2 000万元。

项目布局：病虫害防疫应该全部乡镇统一防治。

4. 畜禽污染无害化处理

（1）集中沼气厌氧发酵示范基地。对畜禽养殖小区和畜禽散养密集区实施畜禽养殖污染治理和废弃物综合利用。重点加快固液分离、发展沼气、生产有机肥和无害化畜禽粪便还田等工程建设，强化畜禽养殖小区及畜禽散养密集区的污染治理，提高废弃物综合利用率。投资1 500万元，千户营乡、隆尧镇、尹村镇、魏家庄镇、北楼乡、东良乡中选择符合条件乡镇建一个集中沼气厌氧发酵示范基地，就近吸纳养殖粪污，沼液和沼渣加工有机肥，用于饲料基地和蔬菜基地的肥料供应，沼气用于养殖基地及周边地区采暖、照明或厨房应用。

（2）生态养殖模式示范推广。采取生态畜牧业发展模式，把清洁生产的理念引入畜牧业生产中。投资2 000万元，在畜禽养殖集中的乡镇或周边区域，建设一批生态果园、菜园、食用菌基地，综合利用畜禽养殖废弃物和农作物秸秆等废弃物，在积极消纳畜禽养殖和农作物生产的废弃物的同时，减少农药、化肥的使用。

5. 农作物秸秆综合利用

隆尧县农作物秸秆种类主要有玉米秸秆、小麦秸秆、花生秧等，可通过秸秆综合利用技术发展秸秆产业。实施秸秆综合利用示范试点，大力推广用量大、技术含量和附加值高的秸秆综合利用技术，加大原料的收集体系建设力度，走农作物秸秆收加储运机械化的技术路线，鼓励粮食主产区建设秸秆生态循环农业工程，推进秸秆饲料化、肥料化、能源化利用。制定优惠政策，支持大、中型企业建设年产 5 万吨的生态饲料加工厂 2~3 家，建设年产 5 万吨的生物肥料加工厂 1~2 家；支持秸秆发电等秸秆资源利用产业化，大力推广秸秆过腹还田、秸秆腐熟剂腐熟还田。

（1）秸秆循环利用示范工程。按照循环经济理念，开辟和建立秸秆多元化利用途径，重点推广秸秆—家畜养殖—农户生活用能，高效肥料—种植等循环利用模式，大力推广秸秆过腹还田、秸秆腐熟剂腐熟还田，提高土壤有机质含量。

（2）秸秆能源化利用示范工程。秸秆发电改扩建，加大秸秆发电企业生产规模；结合新农村建设，以村为单元，实施秸秆发电、秸秆固化成型燃料等为主要建设内容的秸秆清洁能源入农户工程。

（3）秸秆饲料化建设。要强化秸秆资源利用，以秸秆青贮、微贮技术为主，推进秸秆养畜、过腹还田工程。加大招商力度，支持大、中型饲料加工企业建设生态饲料加工厂，应用生化、制粒技术，处理玉米及其农作物秸秆，科学合理利用资源。

（4）秸秆肥料化建设。与科研院所合作，以大型畜禽养殖场为中心，强化秸秆资源化合理利用。在秸秆还田时加入秸秆腐熟剂加快秸秆腐熟转化。支持现有大、中型有机肥料加工企业，扩建生态肥料加工厂，应用微生物技术处理畜禽粪便及农作物秸秆，生产出生态高效的生物肥料和富硒、有机水稻专用肥，为绿色、有机农产品生产提供安全保障。

项目投资：19 800万元。

项目布局：在以小麦和玉米秸秆高度集中、交通干道、高速公路沿线等重点地区，建设秸秆循环利用和秸秆能源化利用工程示范区。固城镇、千户营乡、隆尧镇、大张庄乡等四镇，布局在哪个村可以由招商引资的出资方选定。

6. 地下水超采综合治理

（1）推广冬小麦节水稳产配套技术。①实施内容。在地下水严重超采区，大力推广节水抗旱品种，农机农艺良种良法结合，配套推广土壤深松、秸秆还田、播后镇压等综合节水保墒技术，小麦生育期内减少浇水 1~2 次，实现小麦稳产。②任务目标。2016—2020 年，推广冬小麦节水稳产配套技术 35 万亩，亩均节水 50 立方米，实现地下水压采1 750万立方米。

（2）小麦保护性耕作节水。①实施内容。在地下水超采综合治理试点区，实现免耕、少耕和农作物秸秆及根茬粉碎覆盖还田，减少水土流失，保护农田。②任务目标。2016—2020 年，实施保护性耕作作业面积 4 万亩，亩均节水 50 立方米，实现地下水压采 200 万立方米。

（四）投资估算与效益分析

1. 投资估算

2016—2020 年重点项目投资估算见表 5-22。

表 5-22　2016—2020 年重点项目投资估算　　单位：万元

序号	项目	总投资	2016 年	2017 年	2018 年	2019 年	2020 年
1	创建国家森林城市	—	—	—	—	—	—
2	农业节水灌溉	14 100	3 100	2 900	2 900	2 900	2 300
3	化肥农药减施	3 000	600	600	600	600	600
4	畜禽污染无害化处理	3 500	700	700	700	700	700
5	农作物秸秆综合利用	19 800	3 960	3 960	3 960	3 960	3 960
6	地下水超采综合治理	—	—	—	—	—	—
	合计	40 400	8 360	8 160	8 160	8 160	7 560

2. 效益分析

（1）经济效益（表 5-23）。

表 5-23　投资效益估算　　单位：万元

序号	项目	2020 年	2025 年
1	创建国家森林城市	—	—
2	农业节水灌溉	54 800	64 000
3	化肥农药减施	8 000	10 300
4	畜禽污染无害化处理	17 500	22 900
5	农作物秸秆综合利用	11 800	14 900
6	地下水超采综合治理	—	—
	合计	92 100	112 100

（2）社会效益。通过一系列生态环境保护建设工程建设，能够促进自然资

源的合理利用，带动种植业、畜牧业等产业发展，在实现农民增收，达到农村经济增长目标的同时，提高广大农民生活质量。

（3）生态效益。通过项目的实施，可减少农业生产对生态环境的间接污染，促进生态环境良性循环，为隆尧县农业的可持续发展做出较大贡献。

第六章　支撑服务体系建设

支撑服务保障体系主要从农业科技推广、农业信息化、品牌建设与流通、农产品质量安全、农业机械化服务等方面入手，不断提高支撑保障水平，推动现代农业的发展。

一、农业科技推广服务体系

（一）发展现状

隆尧县紧紧围绕农作物生产，坚持定期定点开展大田作物生育期考察，并根据考察结果综合分析，及时发现生产中存在的问题，有针对性地开展技术公关、制定相关技术方案和管理措施，参谋领导科学决策，指导帮助农民解决生产疑难，尤其在抓好小麦生产上发挥了重要作用。仅 2015 年一年就组织考察 50 余期，为保障技术措施的落实到位，技术人员深入所包乡、村和小麦万亩高产示范方，组织科技示范户开展技术培训，通过《关注三农》等电视栏目、农村广播喇叭、印发技术明白纸、田间技术指导等多种形式，扩大宣讲范围，提高技术培训效果。

2015 年共举办电视讲座 6 次，广播宣讲 30 场次，田间地头指导 300 场次，发放技术资料50 000余份，有力保障技术措施的实施到位。广泛开展技术宣传，深入田间地头进行指导，确保了棉花、玉米一播全苗，苗全、苗匀、苗壮，为大秋作物丰产奠定基础。配合植保站开展小麦吸浆虫普查，做好病虫草害防治。在全县划分不同区域取土样，全面摸清了病虫害、分布区域情况。同时，积极应用气候变化提出病虫害防治建议，为有效预防和控制农作物病虫害提供了有力依据。

（二）发展思路

农业科技推广体系建设是加快农业科技进步、开拓现代农业新局面的重要措施。结合本地农民对农业科技的需求，改变过去只提供产中服务的方式，实行产前、产中、产后全程技术服务。在农技推广服务过程中，采取点面结合的方法，点上通过建立示范片，抓好示范户，给农民起到示范作用。面上通过举办专家技术培训，印发农技资料，设立服务热线等方式，给农民起到引导作用。

（三）发展目标

制定优惠政策，鼓励农技人员开展农技承包服务，形成县、乡镇和村三级农业技术推广服务网络，提高农业科技贡献率，确保农业技术推广普及率达到90%以上，每年培训农村实用人才1.5万人次。

（四）重点建设内容

1. 农技推广实验示范基地

依托县农业局技术推广中心，建立与农机农艺科研单位协作攻关机制，投资建立占地300亩的农技推广实验示范基地，主要针对小麦、玉米、林果、蔬菜等农作物，按照“基地+合作社+农户”的产业化经营模式，积极发展高效节水农业，探索和推广新型集约化高效种植模式，并为全县农户和农业园区提供种苗、技术指导及农产品销售服务。

项目地点：十二个乡镇相关村

2. 新型农村实用人才培训

建设新型农村实用人才培训基地，加强对农民专业合作社、农业龙头企业、农产品加工企业中的经营和管理骨干、农民经纪人、农产品生产或营销大户的经营管理培训，加强对种养能手、农机手、农民信息员、职业农民和涉农企业从业人员的专业技术培训。新型农村实用人才培训基地主要依托隆尧县有相关能力的农民专业合作社、有办学资质的农业培训机构等，每年培训300~

500 人次。

项目地点：十二个乡镇相关村

二、农业信息化服务体系

（一）发展现状

隆尧县农业信息化服务模式实施已初见成效。一是充分利用信息网络，定期发布农情信息，宣传推广农技知识，举办专题技术讲座。二是利用电视栏目、印发技术资料、农村广播喇叭等形式广泛开展宣传，以宣传代培训、巩固培训效果。2015 年组织考察 50 余期，共举办电视讲座 6 次，广播宣讲 30 场次，田间地头指导 300 场次，发放技术资料 50 000余份，大大提高了农业信息服务水平。三是在全县 276 个行政村范围内，评选农业技术信息员，以形成县有农技专家、乡有农业技术员、村有农业技术信息员的技术服务网络格局。通过推选具有较好科技素质、较强组织宣传能力和示范带动作用的农民担任农业信息员。农业局对农业信息员进行专门的业务指导，统一发放“农业技术信息员”证书。农业技术信息员在新品种、新机具的示范应用、物化补贴等方面享有优先权。通过推选农业技术信息员，可有效解决农业技术到田间地头最后一千米的问题。五是充分利用互联网平台。全县已有 20 多种农产品通过龙头企业和专业合作社进入电商销售平台进行销售。随着“互联网+”农产品营销模式日益深入人心，来自互联网的订单让农民们尝到了甜头，促使他们加快实行规模化、产业化经营的步伐。

（二）发展思路

立足服务“三农”，以促进产业发展、农民增收、农业增产为核心，以提升农村信息化技术服务水平为工作目标，建设覆盖县、乡镇和村的三级农业信息服务网络，集互联网、电话网络、手机短信、村级信息服务点等多层次、多形式的互联互动、连接市场、覆盖城乡的农业信息化服务体系。

(三) 发展目标

到规划期末，农业信息服务平台实现100%联网，县级农业信息服务平台1个，乡镇农业信息服务平台12个，村级农业信息服务点100个。发展专兼职农村信息员300人。农村电商服务平台300个。

(四) 重点建设内容

1. 农业科技110服务平台

利用现有科技手段，通过整合农业科技资源和服务方式，建设1个中心、7个综合服务站、50个村级农业科技服务点，由40名中高级专家服务队伍、100名科技服务联络员，形成全县12个乡镇50个示范村，县、乡、村三级联合的农业服务体系。充分利用通信运营公司的技术设备和农业部门的科技资源，以现代信息传输设备和现代传播手段，将惠农政策、农业生产实用技术、农作物病虫害防治技术、农产品价格信息等，通过农业科技110服务人员审核后，将信息传递给农民，实现信息共享，及时为农民提供政策、生产技术、销售、气象等信息服务，推动科技信息在广大农村低成本、高效率传播，实现农业科技在农民致富中的快速反应和零距离服务功能。

项目地点：十二个乡镇重点村

2. 农村电商服务平台

以“互联网+”的发展模式，搭建集销售、物流、管理为一体的三级农村电商服务平台，解决农村电商“最后一千米”的问题。同时，结合本地农特产品优势和农民需求，通过整合线上信息资源和线下农村专业合作组织、农产品批发市场等实体资源，与已有一定市场影响力的电商全面对接，构建农村淘宝经营体系，形成“村淘”新模式，有效促进全县特色产业与网络经济的互动融合。加大农村电子商务培训力度，开展有目的和有针对性的学习培训，进一步提高涉农企业发展农村电子商务的认识，提升全县农村电子商务发展水平，打通工业品下乡和农产品进城的双向流通渠道。

项目地点：十二个乡镇项目重点村

三、农产品流通配送体系

（一）发展现状

隆尧县是农业大县，是河北省农产品重要生产基地之一，是全国粮食生产先进县和河北省粮食生产核心区，同时拥有隆尧辣椒、泽畔莲藕、隆尧大葱等一批特色农产品。但由于规模小、生产经营分散，农产品流通已成为影响农业发展的关键因素。目前隆尧县尚未形成产品集中、规模化、特色化的农产品流通中心和流通体系，更缺少流通类龙头企业，从而阻碍了产品的市场占有率提高，构建现代农产品流通体系对隆尧县农业经济至关重要。

（二）发展思路

以保障农产品减损增效、质量安全，促进主要农产品有效供给和增加农民收入为主要目标，大力推进农产品分级预冷、贮藏保鲜、加工冷链运输等基础设施建设，提高农产品加工转化和物流仓储能力，提升全县农产品市场竞争力。

（三）发展目标

到2020年，培育流通类龙头企业3~5家，同时强化配送能力，建立1个鲜活农产品配送中心，辐射带动本地2 000~3 000个从业农户增收。基本形成以龙头企业为枢纽，鲜活农产品中心为平台的农产品物流配送体系。

（四）重点建设内容

1. 双河农贸交易市场改扩建

隆尧县双河农贸市场位于县城南侧，是该县最大的蔬菜及农产品集散地，大宗蔬菜销售以外地菜为主。近年县政府积极组织引导农民发展“菜篮子”产品生产，隆尧县蔬菜种植面积与畜禽养殖量和贸易量逐年增加。因此，需要对双河农贸市场进行改扩建，规范农贸市场经营和管理，扩大市场规模，增加市场经营品种，建设蔬菜交易平台、交易大厅，提高交易效率，提升现代物流水平。发展电子商务、订单配送，建设冷链仓储运输系统，便于隆尧县特色优势农产品的交易流通，把“双河蔬菜批发市场”建设成为冀中南部功能齐全的现代仓储物流中心，并辐射带动全县12个乡镇及周边县区“菜篮子”产品基地的建设发展。

项目地点：双河路

2. 宝信物流配送中心提升建设

农产品具有易腐烂、不易保存等特点，根据隆尧县鲜活农产品资源和流通体系的情况，建设以鲜活农产品产地集散市场为支撑，加速现有宝信物流配送中心建设进度，拓宽服务范围，实现农产品现代物流的集散、交易、冷链仓储、配送、信息等功能。

项目地点：县城北二环

3. 新建千户营农贸市场

千户营农贸市场拟建于宁西线两侧千户营乡境内，规划占地100亩。重点建设蔬菜区、果品区、肉品水产区，每个区建设交易大厅，市场内设立农产品质量安全检测室，市场达到三通一平标准。

项目地点：千户营乡

4. 新建固城农贸市场项目

固城农贸市场位于隆尧县北部小孟村境内，规划占地80亩，重点建设蔬菜区、果品区，市场内设立农产品质量安全检测室，市场达到三通一平标准。固城农贸市场的兴建将有力推动隆尧北部区域现代农业产业发展。

项目地点：固城镇

5. 新建庚浩物流配送中心

该项目位于隆尧东方现代农业园区境内，占地120亩，总建筑面积48 150平方米。依托今麦郎集团和东方食品城企业聚集优势，建设集现代物流、仓储、货运、商务、信息于一体的综合性物流园（中心），总投资3亿元。主要建设内容为仓储、信息楼、零担货运楼及其他配套设施，购置各类运输车辆310台（套），配置各种设备489台（套），设计年周转配送货物10万吨，将其打造成冀南农产品商贸物流综合中心。

项目地点：东方现代农业园区

四、农产品质量安全体系

（一）发展现状

“十二五”期间隆尧县在确保主要农产品有效供给的同时，下大力抓好农产品质量安全。积极组织农业执法人员开展农资市场专项整治，严厉打击制售假冒伪劣和生产、销售、使用国家禁用、限用高毒农药行为。同时深入蔬菜种植基地开展宣传活动，落实监管责任，推行标准化生产，鼓励引导企业、合作社开展基地认定和产品认证工作，定期对基地和超市蔬菜进行抽检，确保了全县广大人民群众舌尖上的安全。常年蔬菜抽检样品 300 个左右，合格率达到 98%以上。“十二五”期间，全县通过“三品一标”认证的农畜产品 30 个。

（二）发展思路

以全面提高本县农产品质量安全水平和竞争力为核心，以认证认可、检验检测等措施为抓手，构建县级农（畜）产品质量检测中心、乡镇级质检站以及村基地、农贸市场、收购站等质量检测点等三级农产品质量安全体系。

（三）发展目标

到 2020 年，全县农产品质量安全抽检合格率达到 99%，县域内农产品质量安全生产水平大幅度提升，以高效绿色农业发展促进农民增收。

（四）重点建设内容

1. 今麦郎食品安全研究所

引进先进食品化验仪器，提升自动化装备水平，利用现代信息和网络技术搭建信息交换平台，配备相关信息采集设备，快速检测仪器设备和条码与射频设备，针对农产品生产、加工、配送、销售、库存、检疫、认证等各个环节的信息进行记录、管理和共享，为各种信息系统提供可共享、可集成的数据。实现各环节的全程质量可追溯。投资金额为5 000万元。

项目地点：东方食品城内

2. 隆尧县农产品质量安全检验检测中心

以提高全县农产品质量安全监督检测能力为重点，进一步优化农产品质量安全工作机制，全面提升农产品质量安全综合监管水平。以农产品生产基地、农贸批发市场、超市安全消费为核心，以全面提高农产品合格率为重点，建立健全农产品入市流程机制，改扩建农产品质量安全检验检测中心。中心占地面积 5 亩，建设检测化验室 800 平方米；购置检验检测设备、仪器、测试药品，检测中心资质认证，培训检测人员，提升检测能力。

项目地点：隆尧县象城街 262 号

五、农业机械化服务体系

（一）发展现状

“十二五”期间，隆尧县农机总量持续增长，装备结构和质量大幅度提高。2015 年全县农机总动力为 93 万千瓦，其中，大中型拖拉机 5 500多台，联合收割机 1 900台，配套机具 3 万余台，全县耕种收综合机械化水平显著提高。但是装备结构不合理、发展不平衡和效益低等问题逐步显现，先进适用农机装备和技术有效供给严重不足；农机从业人员素质亟待提升，农机手老龄化现象严重，熟练机手及高素质的合作社领头人紧缺。多数农村作业服务组织还属于松散型合作，经营管理能力不强，交易成本、服务成本比较高。

（二）发展思路

强化政策支持，优化农机装备结构，推广农机化新技术，建设农机管理服务体系，扶持发展农机化服务组织，强化农机安全监管，不断提高农机装备水平、作业水平、服务水平和安全水平。

（三）发展目标

到 2020 年，农机总动力达到 110 万千瓦，主要农机装备数量稳步增长，装备结构更加合理，区域发展更加协调。小麦、玉米等主要农作物生产基本实现全程机械化，耕种收综合机械化水平达到90%以上。

（四）重点建设内容

1. 农机化创新集成示范

建立农机农艺科研单位协作攻关机制，制定科学合理的机械作业规范和农艺标准，促进农机农艺融合。整合农业机械化科研资源，提高农业机械化技术集成和装备配套水平，促进机械化与信息化融合。加快普及主要农作物生产关键环节机械化生产技术，有针对性地推广一批适合机械化作业的品种和种植模式。大力推广精量播种、播种后镇压、化肥深施、高效植保、秸秆还田、深松作业、保护性耕作等清洁环保生产方式，积极推进农机节能减排，全面挖掘农业机械化节种、节肥、节药、节水、节能潜力，促进农业可持续发展。通过建立滴灌小麦配套机械化技术示范区、玉米种植全程机械化技术示范区、保护性耕作示范基地、设施农业智能化管理示范基地等，引进先进生产机械和操作技术，推动示范区农机化水平的提高。计划组织实施5~10类农机化创新示范项目，并安排资金进行扶持。

项目地点：十二个乡镇重点村

2. 农机规模化作业推进

继续采取以奖代补的方式，对依法登记注册、组织运行规范、作业面积大、服务能力强、安全生产程度高、与农民利益联系紧密、发展前景好的农机专业合作社（含农机维修类专业合作社）、农机专业化服务队、农机作业公司、农机租赁公司和家庭农场等主体进行奖励扶持，对积极参与农田托管、依法流转农民土地进行土地规模经营的申报主体，优先予以扶持，加强农机维修服务能力建设，提升农机维修服务保障区域辐射能力。

项目地点：十二个乡镇重点村

第七章　投资概算与效益分析

一、投资概算

隆尧县现代农业发展规划投资总需求 100.848 亿元。各产业投资概算见表7-1。

表 7-1　产业项目总投资　　单位：万元

序号	项目	合计
1	优质粮食产业	42 820
2	优质蔬菜产业	94 150
3	畜禽标准化规模养殖业	84 700
4	农产品精深加工业	713 500
5	精品林果花卉产业	19 500
6	美丽乡村与休闲农业	13 410
7	农业生态环境保护建设	40 400
	合计	

二、效益分析

（一）经济效益

预计到 2020 年经济效益达到 412.853 亿元，2025 年经济效益达到 617.074

亿元。各产业项目经济效益估算见表7-2。

表7-2 产业项目经济效益 单位：万元/年

序号	项目	2020年	2025年
1	优质粮食产业	38 900	43 200
2	优质蔬菜产业	129 600	148 000
3	畜禽标准化规模养殖业	49 180	59 520
4	农产品精深加工业	3 780 000	5 760 000
5	精品林果产业	30 500	36 500
6	休闲农业建设工程	8 250	11 420
7	农业生态环境保护建设	92 100	112 100
	合计	4 128 530	6 170 740

（二）社会效益

1. 提高农业综合生产能力，有利于保障国家粮食安全

通过建设项目的实施，加快了农田水利、道路交通、生态环境、休闲农业、美丽乡村的建设，使得隆尧县农业生产条件得到极大改善，农业综合生产能力大幅提高，主要农畜产品单产水平和总量将会有显著增长，有利于保障国家粮食安全。

2. 拓宽农民增收渠道，促进农村劳动力的就业

通过项目建设，可拉动当地包装、运输、服务、旅游等相关行业的发展，为全县农民创造了大量的就业机会，有利于解决农村剩余劳动力就业问题。同时，还可通过农业产业化经营间接地产生大量的就业机会，从而带动周边地区农业劳动力的就业。

3. 增强农业竞争力，促进农业的可持续发展

通过各项农业基础设施的建设和完善，大幅增加隆尧农业的发展后劲。推进土地流转，促进规模化生产和经营，农业效益将不断提升。通过规模化、标准化、产业化的发展，带动龙头企业和农产品加工业的发展，健全农业生产技术和质量体系标准，构建高效畅通、便捷安全的现代农产品物流体系，全市现代农业

的核心竞争力将得到显著加强，实现可持续发展。

（三）生态效益

1. 有利于提高资源循环利用率，推动资源节约型农业发展

通过强调有机投入和生物措施，将农业和人畜废弃物资源化后再利用，既创造价值、效益，又培肥地力、优化环境、提高资源利用效率，是一种典型的“循环经济”模式。

2. 减少环境污染，促进环境友好型农业发展

农作物秸秆还田和畜禽粪便沼气工程及其无害化处理，生物农药、有机肥料和可降解地膜等高效、低毒、低残留的投入品的使用，能切实控制农业面源污染，减轻环境压力。

3. 促进环境建设，带动低碳高效型农业发展

依靠新技术、新设备、新产品，控制石油化工物质投入，实现农业整体能耗和碳排放的降低；田间防护林建设、经济林发展和林木覆盖率的增加，有效发挥森林改善农田小气候和生物固碳功能，全面提升城乡居民人居环境。

第八章　保障措施

一、建立健全高效运转的组织机制

（一）加强规划的组织领导

将现代农业规划建设纳入隆尧县“十三五”国民经济和社会发展规划的工作重点，成立由县委、县政府主要领导挂帅，县直各委办局各乡镇领导组成现代农业规划实施建设工作领导小组，形成“政府统一领、部门齐抓共管、社会广泛参与”的工作机制，切实发挥组织领导和协调管理作用。规划领导小组负责全县总体规划与现代农业园区创建工作的综合协调、监督指导与管理等相关工作。

（二）县乡镇村协调联动机制

实行横向协调、纵向联动的工作机制，设立现代农业规划实施与园区建设联席会议制度，定期召开会议。现代农业规划实施建设联席会议办公室（设在政府办或农业局）负责研究制定规划实施与三个园区建设工作管理，协调县乡镇村各部门各单位，加强沟通与合作，及时协调解决农业产业发展中遇到的关键问题和难点问题，全力推进现代农业发展。

（三）加强项目管理与绩效考核

按照规划确定的重点建设项目和基本建设程序，做好项目的组织实施工作，对于重点项目、重大工程及时足额配套。县政府相关部门要加强对项目实施过程的监管，定期开展监督检查和指导工作，协调、督促资金的落实、拨付和工程建设进度，发现问题及时解决，对违规问题及时查处。建立县、乡镇、村三级现代农业规划建设目标责任制度，实行县级领导抓建设机制，制定措施、方案和管理办法。把现代农业基地、园区立项、农业投入、农民增收、产业体系构建、体制机制创新等作为考核规划项目所在乡镇村领导班子工作绩效的重要内容，建立动态跟踪机制，每年定期对规划的实施情况进行总结评估。

（四）重视发挥科技支撑作用

加强与农业科研院所专家的合作，成立隆尧县现代农业发展专家智囊小组，不定期召开农业产业发展技术咨询研讨会议，对现代农业规划项目立项、实施与园区建设中碰到的相关问题进行诊断咨询与技术支持服务对接，确保全县现代农业发展规划的落实与项目落地。

二、搭建稳定坚实的农业支持平台

（一）加大投入力度

积极争取省、市、县三级财政每年对农业各种渠道的投入。加大县本级财政对粮食稳产高产等农业现代化建设的投入。全面落实国家和省市级各项强农惠农补贴，加大农机薄弱环节、优良品种、集成技术、生态保护技术推广、动物强制免疫、农业防灾减灾、稳产增产关键技术补贴。探索实施节水农业品种（技术与模式）、农业污染治理、农业灾害保险、生物农药、低毒农药使用补助政策。对种粮大户、规模化设施园区和产业龙头农业专业合作社进行贴息扶持。

（二）强化资金整合

围绕发展主导产业、农业园区建设、优化区域布局、转变农业发展方式，加快整合各类财政支农资金，扶优扶强产业，试验基地先行。首先提高支农资金使用效益，使资金投向重点发展领域和环节，如鼓励适度规模经济，扶持新型农业经营主体等；其次增强支农政策的针对性，重点整合来源分散、用途重复的支农资金，如新农村建设、农业产业发展、高标准农田建设等；再次集中力量补齐制约隆尧现代农业发展的掣肘短板，如发展高效节水农业、生态循环农业，推进农业社会化服务体系建设等。最后是发挥财政资金导向作用，采取以奖代补、民办公助、先建后补、融资担保、税费减免、财政贴息等办法，以土地承包经营权、公益设施使用权、林权、集体产权等为载体，引导社会资金、工商资本等非农资金投入现代农业。

（三）加大招商引资力度

要依托隆尧县的资源优势，认真梳理薄弱环节，按照“企业实力强、产业带动强、技术水平强”的原则，优先选择全国百强、全省百强企业，重点开展粮食、菜篮子产品、畜禽产品标准化生产与精深加工产品开发，打造全省全国知名品牌，让隆尧农业走出河北，走向京津冀、走向全国或走出国门。探索县内外合作兴办特色产业园，重点吸引合作厂家和地区的优势产业和知名企业（品牌）、研发机构落户园区。

三、构建务实有效的三产融合经营机制

（一）加强规划示范引领

开展农村一二三产业融合发展机制与发展模式研究，在不同地区、不同产业，选择适用的发展模式，开展试点示范，总结树立县乡镇村融合发展的先进典型。开展一二三产业融合发展推进机制与政策试验与模式总结，为构建一二三产业融合推进机制探索经验，同时，加强宣传推广，发挥由点到面的示范作用。

（二）出台政策激励措施

研究制定针对性政策，整合促进农业产业化组织、农产品加工、休闲农业、农产品流通等涉农领域扶持政策，建立统一的一二三产业融合发展促进政策，建议各级政府从本级财政中列支建立产业融合发展专项资金，不断加大对农业农村基础设施、公共服务以及经营主体的支持。同时，通过税收优惠、金融扶持、通

报表扬等形式对一二三产业融合主体给予奖励，推进形成争先进、学先进、赶先进的良好氛围。

（三）建立利益共享机制

通过建立合理的利益关系，能形成健康的产业发展环境，有助于稳定合作各方、降低交易成本、增大交易剩余。探索在合作制的基础上引入股份制，农户可以出资入股建立股份合作社，进入二三产业；农民将承包经营的土地以出租或入股的形式，与投资农业的工商企业共同组建股份合作企业或农业公司，采取“保底收益+二次分红”，从中获得要素收益；企业以农业设施等投入入股农户、企业与农户实行反租倒包等方式，建立农村产业发展利益协调机制，保障农民和经营组织能够公平地分享一二三产业融合中的红利。

四、推行内外贯通的战略合作模式

（一）推动农业“走出去”

重点发展农产品加工作为对接产业，积极协调相关部门、企业赴相关单位及地区调研，建基地、保税仓库、进口原料、出口产品，加速企业走出去和建设物流大通道。大力支持骨干企业“走出去”实施并购重组，加快做大做强隆尧现代农业产业。

（二）加强区域战略合作

积极对接加大项目合作、基地建设、区域产业规划设计、优惠政策制定、物流基地沟通、产业集聚发展、技术辐射带动等方面的合作，实现“优势互补、壮大产业、协同发展”，促进区域协调发展。依托资源优势，明确发展重点，推动区域农业一体化发展。

（三）加强对外宣传推广

通过报纸、网络、电视等形式，宣传隆尧县建设省级现代农业示范区、大力发展现代农业的决心与战略部署。按照现代营销的理念和方法，建立现代农业产品的品牌形象识别系统，积极做好市场营销工作。组织开展农产品推介会、研讨会、论坛、文化节等活动，加强优质农产品品牌的宣传。认真地做好农业资源优势的宣传工作，提高项目投资商（方）对隆尧产品的“认知度”和“接受度”。积极承办区域性农产品展销会，支持企业、合作社参加全国或区域性的农产品展销会，提高隆尧县农产品的品牌知名度和市场竞争力，提升隆尧现代农业发展新形象。

五、打造保障有力的农业监管体系

（一）加强农村法治宣传教育

多渠道开展农村法制宣传，努力提高农民法律素质，增强农民依法参与农村基层民主管理、依法表达利益诉求、依法维护自身合法权益的能力。进一步完善农村网格化管理，着力推进社会治理方式创新，全面提升群众满意度，维护社会稳定、促进社会和谐。

（二）提高农业依法监管水平

加强农业执法体系建设，使得执法手段、设备进一步完备。深入开展农资打假专项行动，积极推进“放心农资下乡进村”示范建设，切实维护农民利益。适应形势发展需要，不断完善动物疫情、植物病虫害、农业环境污染、农产品质量安全、农机生产安全、种子安全、农业自然灾害、假劣农资坑农害农等重相关问题的日常监管能力。建立应急预案预警机制，切实增强现代农业建设与发展相关工作应对处置能力与水平。

隆尧县现代农业发展规划（2016-2020年）
区位分析图
河北省地处我国中北部，是京津的门户，是首都北京联系全国各地的必经之路，北与辽宁、内蒙古为邻，西靠山西，南与河南、山东接壤。直接受京津经济、科技和信息辐射；河北省位于环渤海地区的中心地带，处于欧亚大陆桥的东端，是中国政府确定的又一重点开放开发地区。
河北省在全国的位置
1
京津冀3小时经济圈
京津冀2小时经济圈
京津冀1小时经济圈
北京
天津
石家庄
太原
邢台
济南
郑州
京九铁路
京广铁路
随着国家京津冀一体化发展战略实施，邢台区位优势进一步得到提升。距北京380公里，距天津430公里，距省会石家庄120公里，距济南、郑州、太原均在300公里以内。京广铁路、京广高铁、京九铁路以及京港澳高速、大广高速、106、107国道纵贯南北；邢临高速、邢汾高速、邢衡高速、青银高速等横穿东西。毗邻大城市便捷的交通区位优势，为邢台市拓宽了广阔的农产品贸易市场。四通八达的交通基础设施，为农产品的销售提供了重要的基础设施保障。
邢台在河北省的位置
2
隆尧县
邢台市
隆尧县在邢台市的位置
3
隆尧县位于邢台市中部，地理位置优越，区位优势明显，北距石家庄81公里，南距邢台55公里，西距高速路口14公里、107国道、京广铁路、京深高速公路纵穿南北，南郝线、隆昔公路横跨东西。
中国农业科学院农业资源与农业区划研究所
INSTITUTE OF AGRICULTURAL RESOURCES AND REGIONAL PLANNING CAAS
01

区位分析图

隆尧县现代农业发展规划（2016-2020年）
空间布局图
N
W
E
S
固城
大张庄
尹村
山口
千户营
牛家桥
隆尧
双碑
东良
莲子镇
北楼
魏家庄
"一核、三带、三园、三板块"
西部林果经济板块
中部"金色粮仓"板块
东部农林牧复合板块
宁鸡线设施农业产业带
赵辛线畜禽养殖带
鸡腿大葱产业带
"东方食品城"核心园区
三个现代农业示范园区
中国农业科学院农业资源与农业区划研究所
INSTITUTE OF AGRICULTURAL RESOURCES AND REGIONAL PLANNING CAAS
02

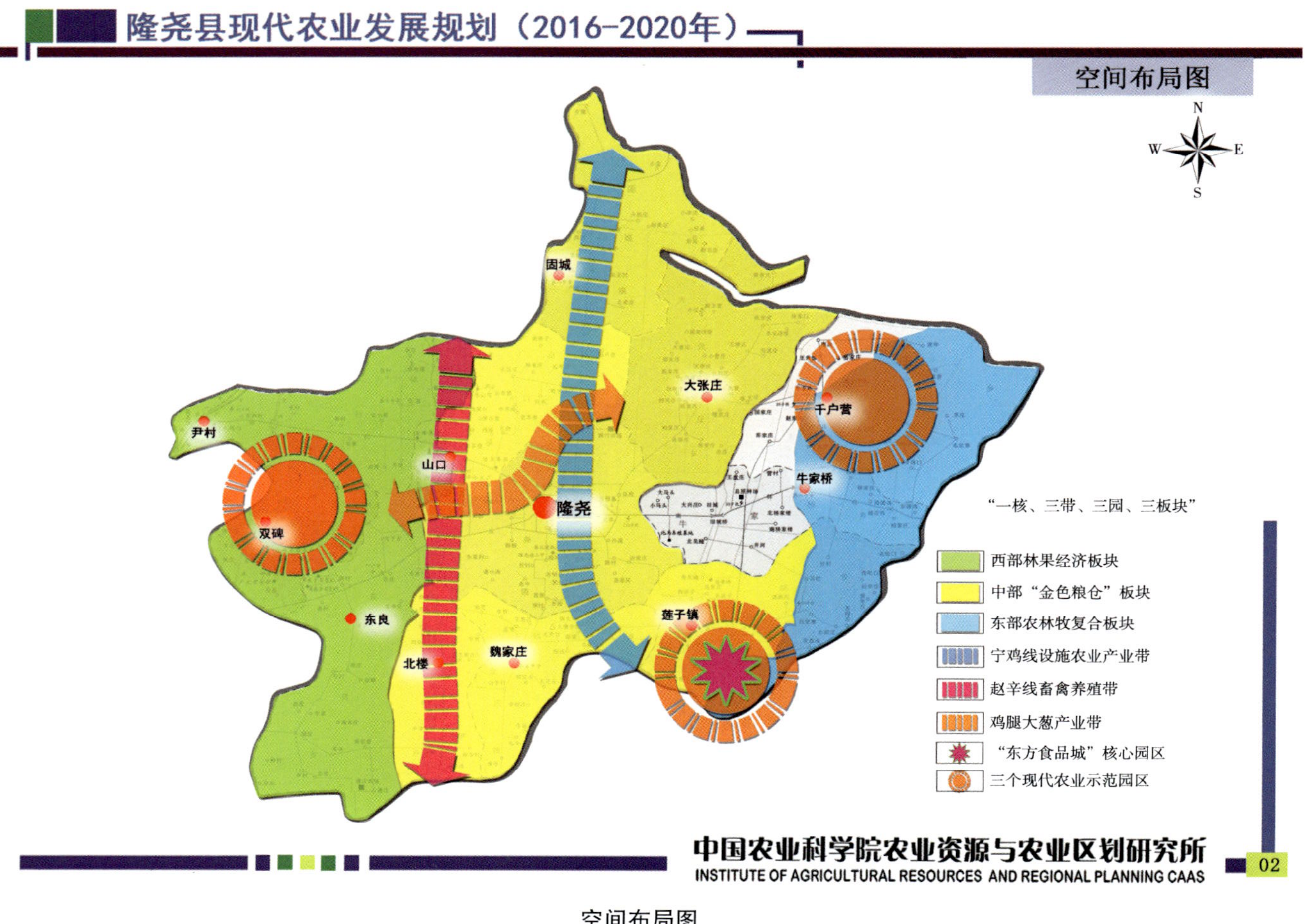

空间布局图

隆尧县现代农业发展规划（2016-2020年）
粮食安全工程分布图
N
W
E
S
固城
大张庄
千户营
尹村
山口
牛家桥
隆尧
双碑
东良
莲子镇
北楼
魏家庄
粮食良种繁育基地
小麦/玉米高产高效示范基地
农田水利基础设施标准化建设
“金色粮仓”板块
农业机械化推进项目（覆盖全县）
方便食品专用小麦生产基地建设（覆盖全县）
中国农业科学院农业资源与农业区划研究所
INSTITUTE OF AGRICULTURAL RESOURCES AND REGIONAL PLANNING CAAS
03

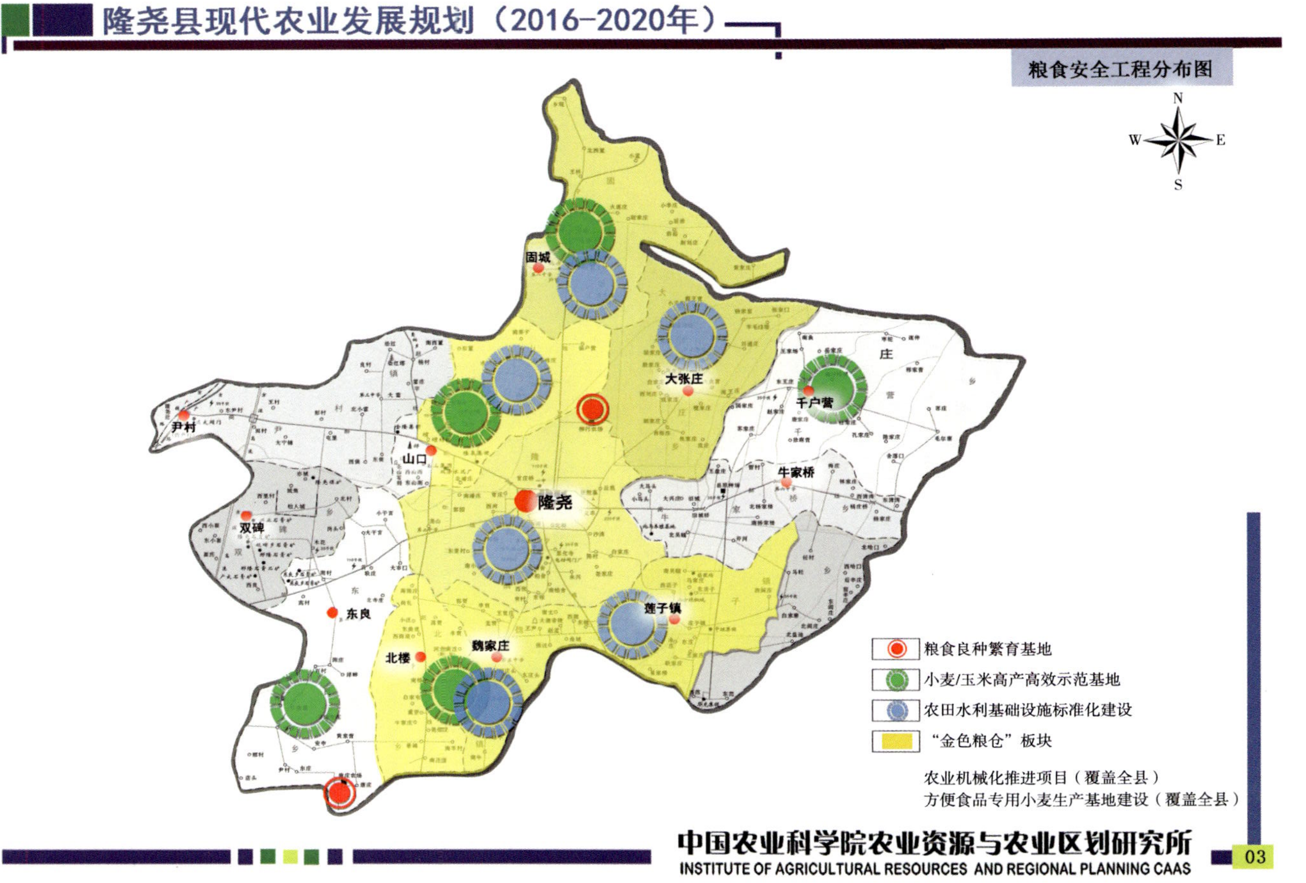

粮食安全工程分布图

隆尧县现代农业发展规划（2016-2020年）
优质蔬菜工程分布图
N
W
E
S
固城
大张庄
千户营
尹村
山口
牛家桥
隆
双碑
东良
莲子镇
魏家庄
优质蔬菜种苗繁育中心
蔬菜批发市场建设工程
蔬菜全程机械化试验站
高标准、产业化、脱水加工蔬菜生产基地建设
传统特色露地蔬菜基地建设
“泽畔藕”特色蔬菜基地建设
隆尧大葱产业带
设施蔬菜产业带
中国农业科学院农业资源与农业区划研究所
INSTITUTE OF AGRICULTURAL RESOURCES AND REGIONAL PLANNING CAAS
04

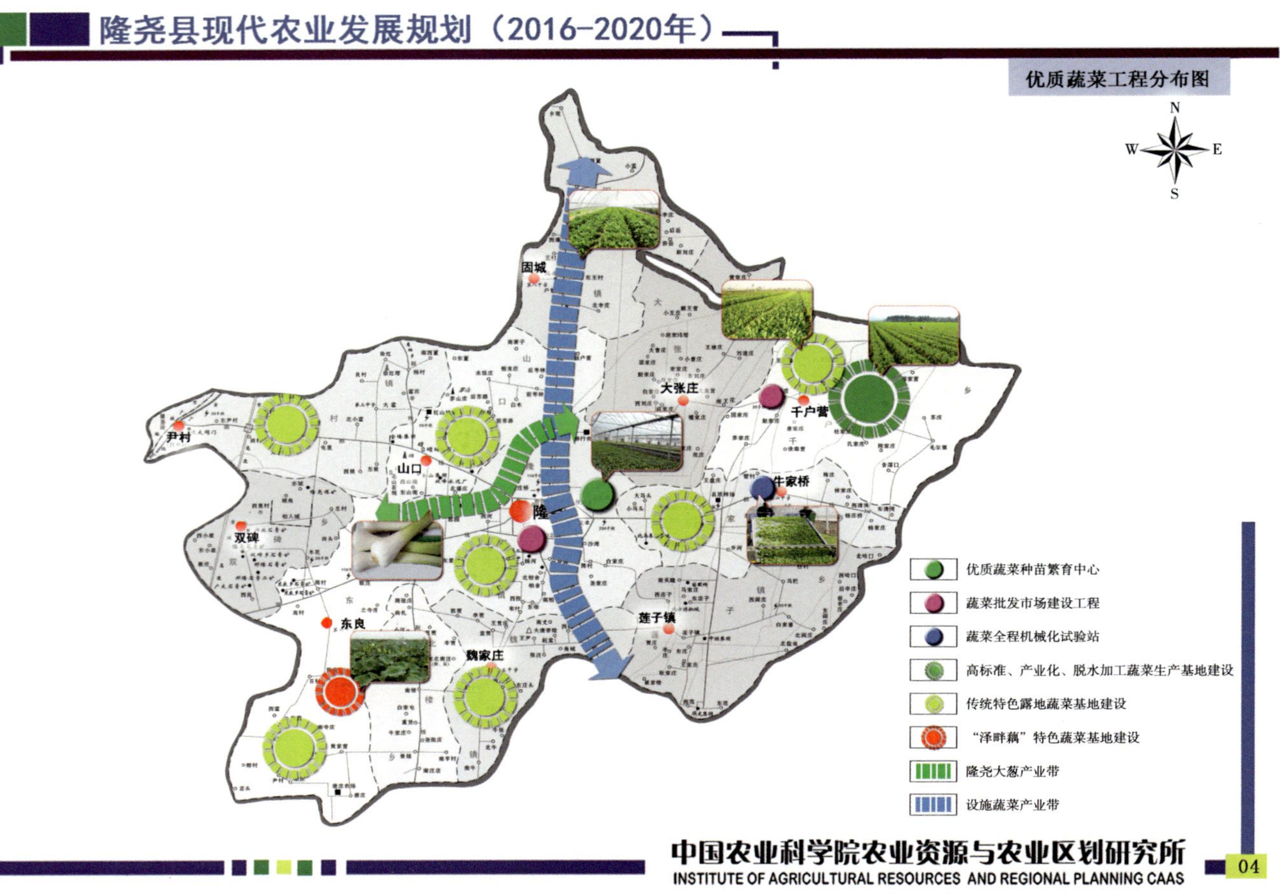

优质蔬菜工程分布图

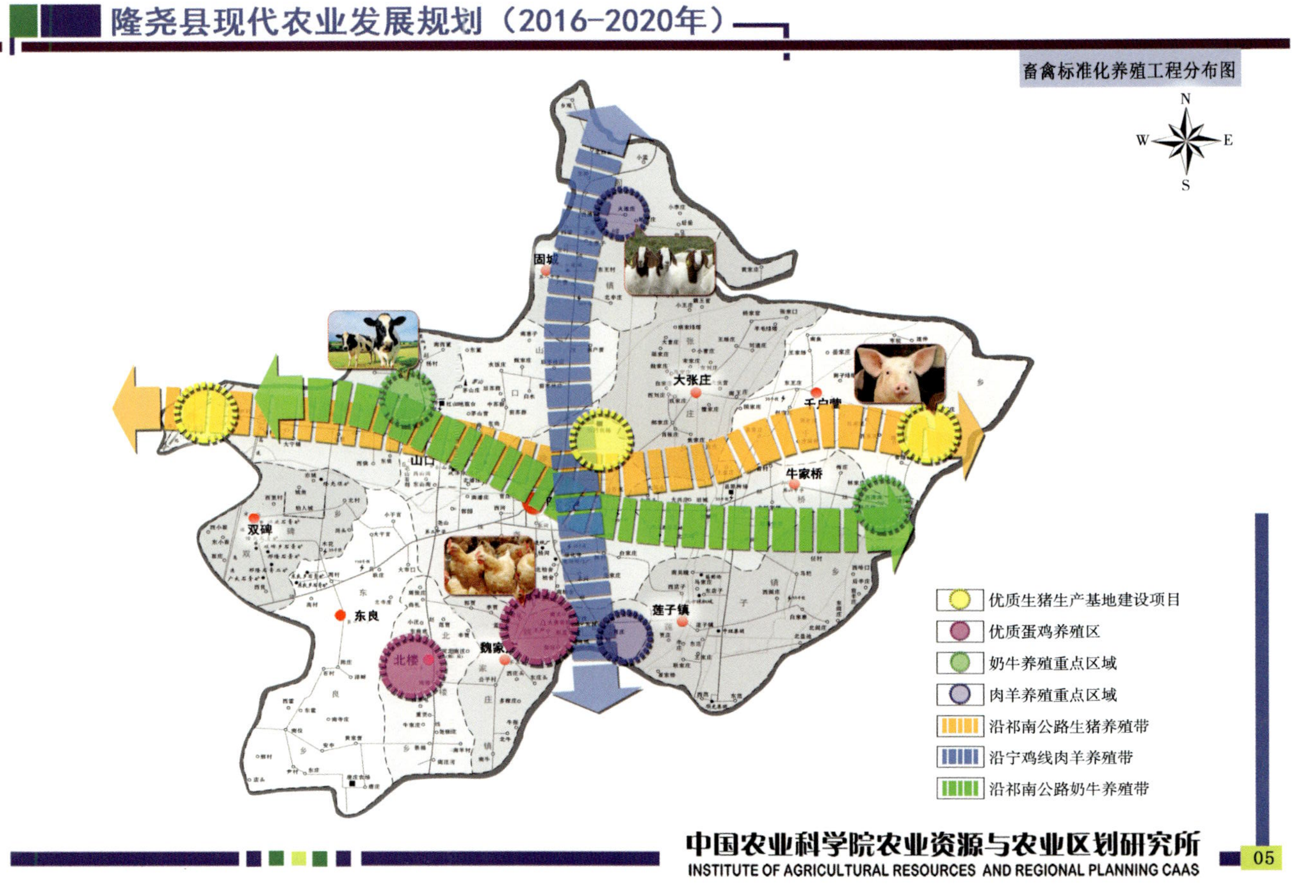

畜禽标准化规模养殖工程分布图

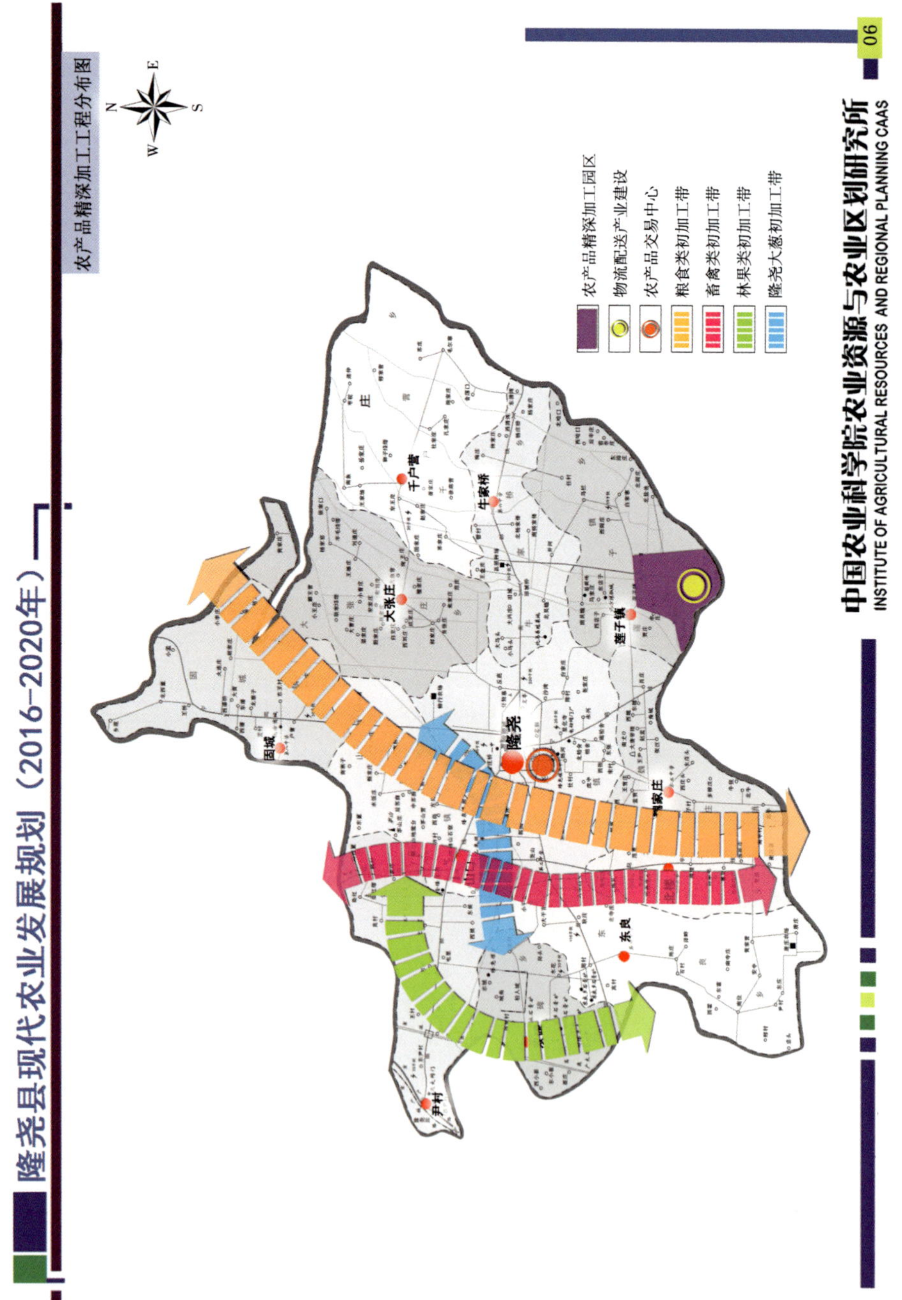

农产品精深加工工程分布图

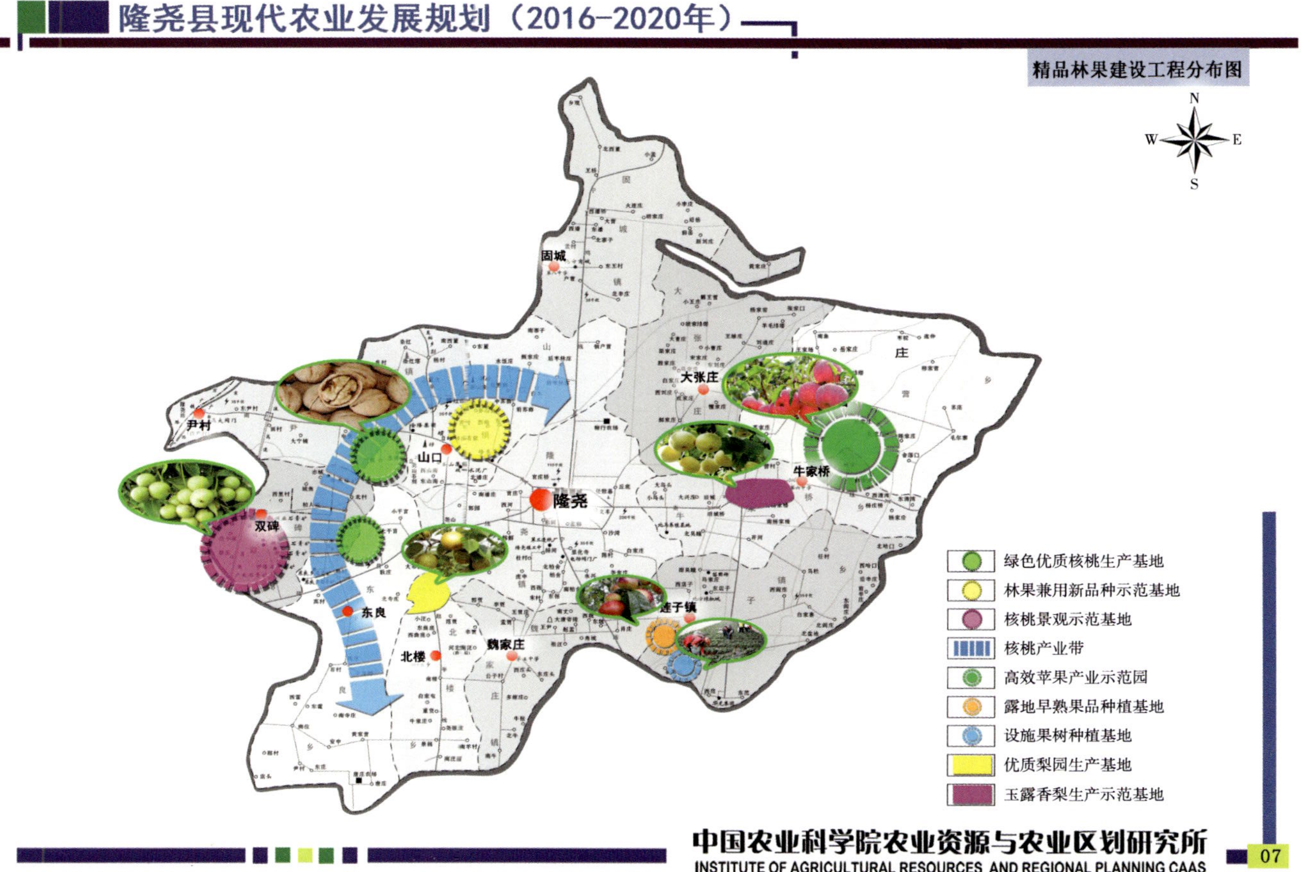

精品林果建设工程分布图

休闲创意农业建设工程分布图

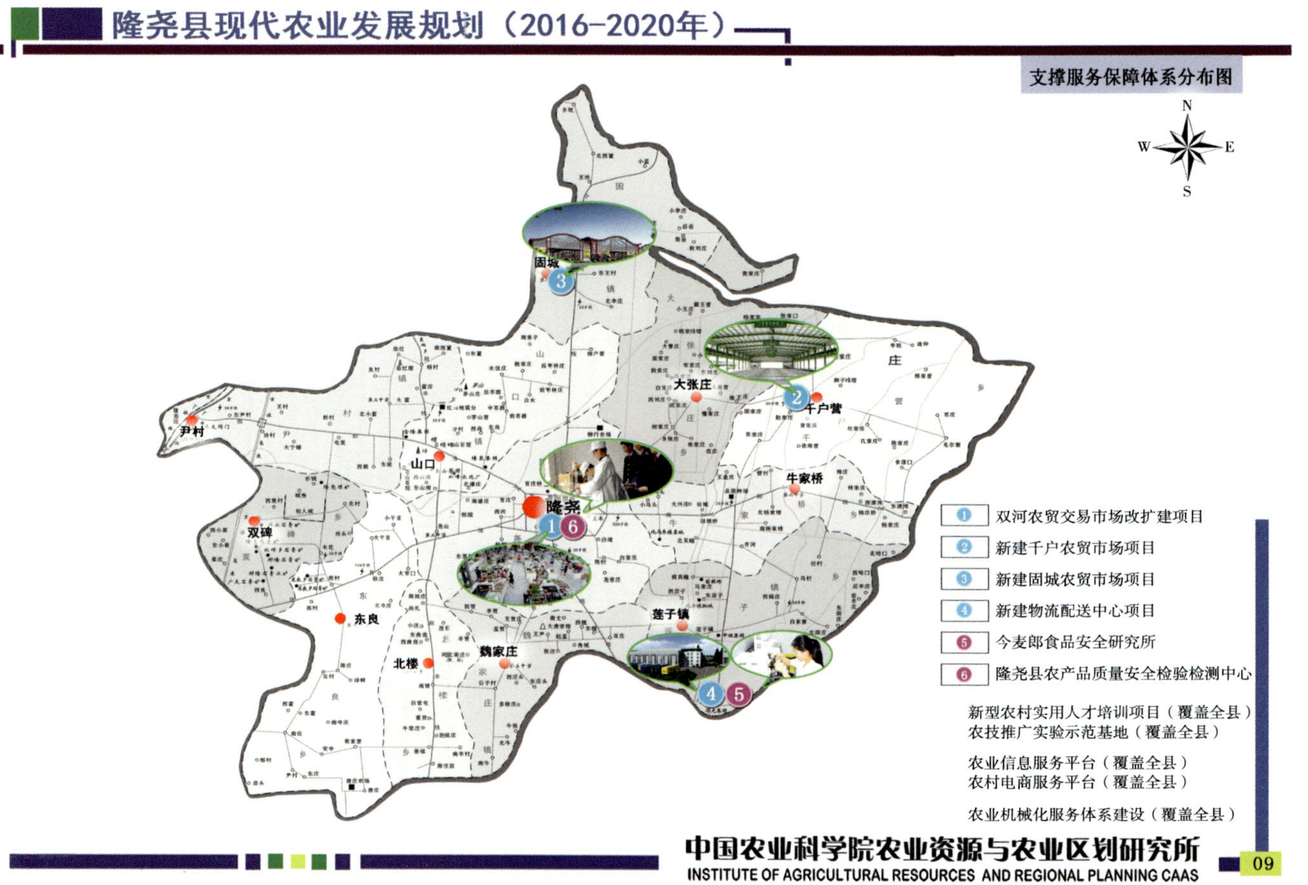

支撑服务保障体系分布图